ADAC Reiseführer

Umbrien

von Peter Peter

Intro

Unterwegs

Umbrien Kaleidoskop

Karten und Pläne

Service

Umbrien aktuell A bis Z 127

Sprachführer 136

Register 141

Leserforum

Die Meinung unserer Leserinnen und Leser ist wichtig, daher freuen wir uns von Ihnen zu hören. Wenn Ihnen dieser Reiseführer gefällt, wenn Sie Hinweise zu den Inhalten haben – Ergänzungs- und Verbesserungsvorschläge, Tipps und Korrekturen – dann kontaktieren Sie uns bitte:

Redaktion ADAC Reiseführer
ADAC Verlag GmbH
Am Westpark 8, 81365 München
Tel. 089/76 76 41 59
verlag@adac.de
www.adac.de/reisefuehrer

Umbrien Impressionen

Eine Reise ins Mittelalter

Umbrien, die ruhigste und geheimnisvollste Region Italiens, voller bleicher Madonnenfresken und vergessener Bergstädtchen? Das Image gilt nur noch bedingt. Denn dieses grundsolide und arbeitsame Land hat Mittelalter und scheinbare Rückständigkeit längst als Werbefaktor und touristischen Standortvorteil erkannt. Heute toben überall von Fernsehregisseuren organisierte **Mittelalterfestivals** durch die steinernen Städtchen, und sowohl toskanische als auch römische Wochenendurlauber sind dem **romantischen Charme** Umbriens restlos verfallen. Die Liste prominenter Wahlumbrer, von Sting über Jack Lang bis zum Kultregisseur Michelangelo Antonioni, wird ständig länger. Das war nicht immer so. Reisende früherer Zeiten hetzten auf ihrem Weg nach Rom durch die Etappe Umbrien. Lediglich Clitumnus-Tempel und die Wasserfälle von Terni lagen bequem an der Straße zwischen zwei Pferdewechseln.

Doch das grüne Herz Italiens bietet genug Gründe, zu bleiben. Herber, knorriger als die Toskana, konkurriert es dennoch mit ihr an Schönheit der Landschaft, an Kunstschätzen und – nicht zu vergessen – an erlesen-bodenständiger Küche.

Trüffel und Wildschweine – das grüne Herz Italiens

Italienische wie ausländische Touristen kommen immer mehr auf den Geschmack. Umbrien als **Naturerlebnis**! Steineichenwälder, Trüffelmacchia und Olivenhaine, das Biotop des Lago Trasimeno und Reitausflüge zu den blühenden Linsenfeldern von Castelluccio. Umbrien ist eine Region, in der die menschlichen Dimensionen noch stimmen, wo die kleinen Städte harmonisch mit dem Umland verbunden sind. Und wo **naturbelassene Landwirtschaft** nicht intellektueller Trend, sondern seit Jahrhunderten verwurzelte Selbstverständlichkeit

Oben: *Immer der Nase nach – in Umbrien werden fast ausschließlich Hunde für die Trüffelsuche eingesetzt*
Rechts: *Malerisch – Bergstädtchen Trevi*
Rechts oben: *Mittelalterfestivals haben Hochkonjunktur – Calendimaggio in Assisi*

ist. Mit den Trüffelhunden auf die Suche gehen, dem Olivenholzschnitzer bei der Arbeit zuschauen, über das beste Olivenöl Italiens fachsimpeln oder in einem Agriturismo auf dem Bauernhof schlafen und sich abends vor dem offenen Kamin versammeln, um geröstete Wildtauben zu essen – Urlaub für Leib und Seele. Nur wenige italienische Regionen haben es bisher so erfolgreich geschafft, die **traditionelle bäuerliche Lebenswelt** ins touristische Erleben zu integrieren – nicht zum Schaden der umbrischen Produzenten, deren erstklassige Lebensmittel in Italien Spitzenpreise erzielen.

Miniaturistenträume – die umbrischen Städte

Umbriens Städte sind die perfekte Bühne. Denn irgendwo, nach mittelalterlichen Häuserschluchten und Treppenwegen, öffnet sich immer eine weite Piazza, meist mit romanischem Dom und wuchtigen Kommunalpalästen. Die mittelalterlichen Zentren sind Treffpunkte der Einheimischen und Treffpunkte der Fremden. Allen voran die prächtige Flaniermeile von **Perugia**, der Corso Vannucci, der u. a. Musikdarbietungen vor ausgelassenem studentischem Publikum aus

aller Welt präsentiert. Oder die alte Etruskerstadt **Orvieto**, hoch oben auf einem Tuffpilz schwebend, über der die gotische Domfassade blitzt. Nicht zu vergessen die ungezählten umbrischen Miniaturstädtchen, die noch immer ihren Mittelaltertraum träumen. Jedes ist ein Kosmos für sich, den es zu erforschen gilt. **Bevagna** mit der romanischen Piazza, die Traumkulisse von **Trevi**, die Fresken der Römerstadt **Spello**. Oder das steinverliebte **Gubbio**, wo einst Franziskus den Wolf zähmte.

Klöster und Waldklausen – Umbria sancta

Benedikt und Norcia, **Franziskus** und Assisi – die Umbrer haben das Mönchtum zwar nicht erfunden, es aber zu dem gemacht, was es noch heute ist. Umbrien ist auch eine **Region der Heiligen**, der begeistert gefeierten lokalen Patronatsfeste. Pilgerströme aus ganz Italien fließen nach Assisi und zur populären **hl. Rita** nach Cascia. Kirchen über Kirchen, in denen häufig wegen jahrhundertelanger

Oben: *Franziskus, der beliebteste Heilige Umbriens, ist Hauptdarsteller zahlreicher Freskenzyklen – Benozzo Gozzoli, Museo di San Francesco, Montefalco*
Mitte: *Abgeschieden – Abbazia San Cassiano bei Narni*
Unten: *Allein unter Schriftgelehrten – Szenen aus dem Leben Jesu in der Cappella Baglioni im Dom von Spello*
Rechts oben: *Die Bildergeschichten an der Domfassade von Orvieto ranken sich um die Abenteuer von Adam und Eva*
Rechts Mitte: *Reich geschmückt – Domfassade von Spoleto*

Geldnot Ausstattung und Frömmigkeit des Mittelalters unangetastet blieben, gibt es zu entdecken und Eremitengrotten in Waldschluchten, über denen einsam gelegene **Klöster** entstanden. Gerade diese klerikale Architektur in Verbindung mit lieblicher Landschaft macht einen der Reize einer Umbrienfahrt aus.

Fresken, Fresken, Fresken

Unendlich ist der Bilderteppich, der die Kirchenwände Umbriens bedeckt. Ein Dorado nicht nur für Kunstfreunde, sondern für alle, die sich gern die fromm-naiven **Heiligenlegenden** erzählen lassen. Allen voran begeistert das Weltwunder **Assisi** mit dem ersten großen Paukenschlag der italienischen Kunst: **Giottos**

Franziskusfresken. Seine eindringliche Bildersprache hat das Franziskusbild bis in die Gegenwart nachhaltig geprägt. Daneben steht der fulminante Bilderreigen der anderen führenden italienischen Maler aus Rom, Florenz und Siena, von **Cimabue** bis **Simone Martini**.

Neben den Highlights, die stets von Touristenscharen belagert sind und deshalb von manchen Reisenden lieber gemiden werden, bietet Umbrien jedoch auch eine Fülle einsamer **Dorfkirchen**, in denen man einen ungeahnten Reichtum an Bildern meist ganz für sich allein hat, wo Kunst und stille Einkehr noch zusammengehen. Daneben kann man auch das Umbrien erleben, das als Ideal der Landschaftsmalerei in die Kunst einging. Gerade die führenden Renaissance-Meister wie **Perugino** und **Pinturicchio** haben der Hügellandschaft um den Lago Trasimeno immer wieder liebevoll-detaillierte Landschaftsporträts in ihren Bildern ge-

widmet. Dies sind Bilder zum Zeitlassen, zum Träumen. Wer hingegen Aktion sucht, wem die stille, feine Miniaturmalerei der umbrischen Schule zu verhalten ist, kommt schließlich in **Orvieto** voll auf seine Kosten. Denn die Weltgerichtsbilder **Luca Signorellis** sind das Dynamischste, was vor Michelangelos Sixtinischer Kapelle gemalt wurde.

Oben: *Schöne Aussicht – Assisi erstreckt sich an den Ausläufern des Monte Subasio*
Unten: *Ein guter Jahrgang? Aus den roten Trauben wird einmal der berühmte Sagrantino von Montefalco*
Rechts oben: *Der ›Lauf der Verrückten‹ – einmal im Jahr werden in Gubbio zur Festa dei Ceri Heiligenstatuen im Laufschritt den Monte Ingino hinaufgetragen*
Rechts unten: *Umbrische Delikatessen – Schinken, Wurst und Käse*

Wohlstandsinsel Umbrien? – Disziplin vor Dolce vita

Klein ist fein, und bei gerade 815 588 Einwohnern haben die Umbrer die Vorteile der Überschaubarkeit zu schätzen ge-

lernt. Das **moderne Umbrien** blickt auf eine wirtschaftliche Erfolgsstory zurück. Grundlage ist die Mentalität der Umbrer, geprägt von harter bäuerlicher Arbeit. Wie bei den antiken Römern steht Disziplin deutlich vor Dolce vita. Heute ruht die ›Schweiz Italiens‹ auf festen Füßen. Mode, Tourismus, Möbel, Wein und ökologische Landwirtschaft sind die Säulen für ein typisch **italienisches Wirtschaftswunder**, das auf modern vermarkteten Familientraditionen basiert. Ordnung, Sauberkeit und Bodenständigkeit prägen das Musterländle. Und so manche Haustür bleibt in Umbrien wie in guten alten Zeiten unverschlossen, denn die Kriminalitätsrate zählt zu den niedrigsten Europas.

Dickschädel und Tankwartinnen

»Unbewegliche, finstere, verschlossene Menschen, doch zugleich voll Launen, Einfällen, bizarren Stimmungen.« *Curzio Malaparte* hat den Charakter der Umbrer gewiss überzeichnet. Doch eines steht fest: Mediterrane Heiterkeit ist ihre Sache nicht. Hier muss man sich Zeit nehmen für die Menschen. Denn die etwas schwerblütigen Umbrer mögen die Oberflächlichkeit nicht. Nicht nur sprachlich, auch kulturell verläuft durch Umbrien die Grenze zwischen **Nord- und Süditalien**. Man merkt es besonders an der beruflichen Präsenz der Frauen. Denn anders als im Süden sind hier *Barista*, Kellnerin, oder auch Tankwartin, um nur zwei Beispiele zu nennen, längst völlig normale Berufe.

Der Reiseführer

Dieser Band stellt Umbrien in sieben Kapiteln vor. Der Autor beschreibt zunächst die Hauptstadt *Perugia*, dann das Tibertal von *Orvieto* bis *Città di Castello* und den *Lago Trasimeno*. Dem *Assisi*-Kapitel folgen die Perlen der Valle Umbra von *Spello* bis *Spoleto*. Schilderungen der südumbrischen Provinz *Terni* und der apenninischen Bergstädte wie *Gubbio* komplettieren den Reiseführer. **Übersichtskarten** und **Stadtpläne** erleichtern die Orientierung. Die **Top Tipps** bieten Empfehlungen zu Hotels, Restaurants, Festen, Wanderungen etc. Den Besichtigungspunkten sind **Praktische Hinweise** mit Tourismusbüros sowie Hotel- und Restaurantbeschreibungen angegliedert. **Umbrien aktuell A bis Z** bietet Informationen von Anreise über Essen und Trinken, Feste und Feiern bis zu Verkehrsmitteln. Hinzu kommt ein umfangreicher **Sprachführer**. Ein **Kaleidoskop** interessanter Kurzessays rundet den Reiseführer ab.

Geschichte, Kunst, Kultur im Überblick

Von Umbrern und Etruskern, von Kaisern und Päpsten, von Hügeln und Heiligen

»Hundert und Hundert Histörchen kleben an allen Mauern Umbriens. Keine noch so geringe Stadt, wo nicht eine besondere Sage aus alten Toren klingt.«

Heinrich Federer (1866-1928)

1143 v. Chr. Sagenhaftes Gründungsdatum der Stadt Ameria (Amelia).

10.–8. Jh. v. Chr. Eisenzeitliche Hügelsiedlungen der Villanova-Kultur, der etruskischen ›Urkultur‹, bei Perugia.

7.–3. Jh. v. Chr. Blütezeit der etruskischen Kultur in der umbrischen Landeshälfte westlich des Tiber mit den Zentren Volsinii (Orvieto) und Perugia; im Bergland leben umbrische Stämme, im Süden der Volksstamm der Naharsker.

299 v. Chr. Narnia wird als erste römische Kolonie auf umbrischem Boden errichtet.

264 v. Chr. Die römischen Truppen brennen das etruskische Zentrum Volsinii nieder.

241 v. Chr. Römische Gründung von Spoletium am Tor zur Valle Umbra. In der ›Lex Spoletina‹, dem frühesten Umweltschutzgesetz Europas, wird Holzhacken in heiligen Wäldern unter Strafe gestellt.

220 v. Chr. Der Censor Gaius Flaminius lässt die Via Flaminia anlegen, die von Narni über Foligno nach Rimini führt.

217 v. Chr. Der berühmte karthagische Feldherr Hannibal schlägt am Trasimenischen See das römische Heer vernichtend.

2./1. Jh. v. Chr. Die Eugubinischen Bronzetafeln aus Ikuvium, dem heutigen Gubbio, beschreiben umbrische Bräuche und Opferriten.

81 v. Chr. Cicero verteidigt in einem Bürgerrechtsprozess Sextus Roscius aus Amelia .

50 v .Chr. In Assisi wird Properz (Sextus Aurelius Propertius) geboren († 16 n. Chr.). Als Dichter schreibt er später hinreißende lateinische Liebeselegien, die ihn zum führenden Vertreter dieser Gattung machen.

217 v. Chr. besiegt der Karthager Hannibal am Trasimenischen See die Römer

40 v. Chr. Octavian, der spätere Kaiser Augustus, erobert Perugia.

13/14 n. Chr. In Folge der Augusteischen Gebietsreform wird Umbria als ›Regio Sexta‹ (6. Region) erstmals ein administrativer Begriff.

96–98 Der für seine Sparsamkeit und Milde berühmte Nerva aus Narni wird römischer Kaiser.

275/276 Der Soldatenkaiser Tacitus aus Interamna (Terni) regiert das römische Imperium.

317 Die Diokletianische Verwaltungsreform vereint Umbrien, dessen Name später in Vergessenheit gerät, mit Etrurien zu Tuscien.

um 330 Im Reskript von Hispellum gesteht Kaiser Konstantin den Umbrern die Ausübung heidnischer Kulte zu. Das Christentum wird in der Folgezeit dann nur widerwillig und unter Zwang angenommen.

480–547 Lebensdaten des hl. Benedikt von Nursia (Norcia). Er gilt als Begründer des abendländischen Mönchtums. Berühmheit erlangt er durch seine nach 534 verfasste ›Regula Benedicti‹, die Benediktregel.

552 Der Ostgotenkönig Totila wird in der Schlacht von Tagina (bei Gualdo Tadino) durch byzantinische Truppen getötet. Das Ostgotenreich bricht zusammen.

571 Der Langobarde Faroald gründet das Herzogtum Spoleto.

655 Der hl. Märtyrerpapst Martin I. aus Todi stirbt in byzantinischer Verbannung auf der Krim.

890–898 Die langobardischen Herzöge Guido und Lambert von Spoleto erlangen nacheinander die Kaiserwürde.

965–972 Der spätere Johannes XIII. aus Narni wird zum Papst gewählt.

um 1000 Der hl. Romuald von Camaldoli gründet in Nordumbrien Mönchsklausen.

11.–12. Jh. Viele der umbrischen Städte werden zu selbstverwalteten bürgerlichen Kommunen.

Von links nach rechts: Der hl. Benedikt, Begründer des abendländischen Mönchtums, Stauferkaiser Friedrich II. und der hl. Franziskus, Begründer der Bettelorden

1115–1297 Zehn Päpste wählen Orvieto zu ihrer Residenz.
1155 Kaiser Friedrich Barbarossa zerstört Spoleto.
1182–1226 Lebensdaten des hl. Franziskus von Assisi. Er gründet den Franziskanerorden und reformiert die Kirche, indem er erstmals auch Nichtadlige als Mönche aufnimmt.
1197 Der spätere Kaiser Friedrich II. wird in Assisi, wo er seine ersten Lebensjahre verbringt, getauft.
1212 Chiara Offreduccio, die spätere hl. Klara, gründet in Assisi den Klarissinnenorden.
1216 Papst Innozenz III., der mächtigste Papst des Mittelalters, stirbt in Perugia.
1228 Baubeginn der Basilica San Francesco in Assisi.
um 1230–1306 (Lebensdaten) Jacopone da Todi, der franziskanische Mystiker und Dichter, verfasst das ›Stabat Mater‹. Dieser lateinische Passionshymnus vom Leiden Marias um ihren Sohn wurde später von ungezählten Komponisten, darunter Rossini und Pergolesi, vertont.
1253 Heiligsprechung der Chiara Offreduccio.
1254 In Perugia wird die Fontana Maggiore, der erste Stadtbrunnen des Mittelalters, errichtet.
1264 Papst Urban IV. führt nach dem Messwunder von Bolsena das Fronleichnamsfest ein.
um 1264 Der hl. Thomas von Aquin, wegen seiner engelsgleichen Gelehrsamkeit ›doctor angelicus‹ genannt, lebt im Dominikanerkloster von Orvieto.
um 1296–99 Giotto malt die Franziskusfresken in San Francesco in Assisi.
1307 Perugia wird Universitätsstadt.
1348 Bei Prozessionen zur Bannung der Pest in Perugia entsteht die Flagellantenbewegung, die sich durch öffentliche Selbstgeißelung hervortut.
1357–68 Kardinal Albornoz unterwirft zahlreiche freie umbrische Städte für den Kirchenstaat.
1370–1443 (Lebensdaten) Der Umbrer Gattamelata (eig. Erasmo da Narni) dient als Condottiere in venezianischen Diensten. Seinen Nachruhm verdankt er dem Reiterstandbild, das Donatello zu seinem Andenken in Padua aufstellt.
1416–24 Braccio di Fortebraccio, adliger Condottiere aus Perugia, erobert ein mittelitalienisches Reich, das sich bis Rom erstreckt.
1445–1523 (Lebensdaten) Perugino ist führender Vertreter der umbrischen Malschule.
1454–1513 (Lebensdaten) Pinturicchio, der umbrische Hofmaler des Borgia-Papstes Alexander VI., macht sich mit miniaturhaften religiösen ›Märchenbildern‹ einen Namen.
1455–1525 (Lebensdaten) Alessandro Geraldini aus Amelia wird erster Bischof in der neuen Welt, auf der Karibikinsel Santo Domingo (heute Hispaniola).
1472 Dantes ›Divina Commedia‹ wird als erstes Buch in italienischer Sprache in Foligno gedruckt.
1494–1504 Der Maler Raffael, eigentlich Raffaello Sanzio (1483 Urbino – 1520 Rom), verbringt seine Jugendjahre in Umbrien und geht bei Perugino in die Lehre.
1499 Lucrezia Borgia regiert in päpstlichem Auftrag Umbrien von Spoleto aus.
1499–1502 Luca Signorelli malt die Weltgerichtsfresken der Cappella di San Brizio im Dom von Orvieto.
um 1500 Der vergessene Landesname Umbrien taucht in humanistischen Texten wieder auf.
1512–72 (Lebensdaten) Galeazzo Alessi aus Perugia, Starbaumeister in Genua, errichtet ab 1569 bei Assisi S. Maria degli Angeli.
1527 Papst Clemens VII. flüchtet vor den Rom plündernden deutschen Landsknechten nach Orvieto. Plünderung von Narni.
1540 Papst Paul III. unterwirft im Salzkrieg Perugia, die letzte freie Stadt Umbri-

◁ *Im Pilgerrummel von Assisi findet man heute nur noch selten Raum für stille Andacht*

ens. Die Rocca Paolina wird als Zwingburg errichtet.
1575 In Cospaia wird erstmals in Italien Tabak angebaut.
1623–44 Amtszeit Papst Urbans VIII. Barberini, zuvor Erzbischof von Spoleto.
1703 Ein schweres Erdbeben in der Valnerina fordert 2000 Tote.
1784–1841 Francesco Morlacchi aus Perugia leitet seit 1806 die Dresdener Hofkapelle (als Vorgänger Richard Wagners). Mit dem ›letzten Italiener‹ endet die im 18. Jh. vorherrschende Dominanz italienischer Komponisten in den Residenzen Europas.
1786 Goethe besucht den Minerva-Tempel von Assisi.
1798/99 Napoleonische Besatzung: Umbrien wird in die Départements Clitunno und Trasimeno aufgeteilt. Kunstraub in großem Stil.
1809–14 Umbrien ist als Département Trasimeno Teil des Napoleonischen Empire.
1817 Lord Byron (1788–1824) besucht und besingt die Wasserfälle von Terni in ›Childe Harold's Pilgrimage‹.
1823–29 Annibale della Genga aus Spoleto regiert als Papst Leo XII.
1826 Camille Corot malt die ›Brücke von Narni‹ und stellt sie im Pariser Salon aus. – König Ludwig I. von Bayern macht mit der umbrischen Marchesa Luisa Fiorenzi Urlaub am Trasimenischen See.
1831 und 1848 Aufstände des republikanischen Geheimbunds der ›Carbonari‹ gegen den Kirchenstaat.
1828 Der große britische Landschaftsmaler William Turner (1775–1851) arbeitet im Rahmen seiner Italienreise auch in Orvieto.
1859 Schweizer Landsknechte richten unter den gegen den Kirchenstaat rebellierenden Perusinern ein Blutbad an.
1860 Umbrien wird Teil des Nationalstaates Italien.
1870 Auflösung des Kirchenstaates.
1875 Die Waffenwerke von Terni werden errichtet.
1876 Der spätere Literatur-Nobelpreisträger Giosuè Carducci (1835–1907) verfasst seine berühmte Ode ›Alle fonti del Clitunno‹.
1878–1903 Kardinal Pecci, der Erzbischof von Perugia, nimmt als Papst Leo XIII. den Heiligen Stuhl ein.
1894 Gabriele d'Annunzio (1863–1938) schreibt seine Umbrien-Gedichte ›Le città del silenzio‹ (Die Städte des Schweigens).
1900 Rita von Cascia (1381–1457) wird heilig gesprochen.
1907 Auf einer Italienreise beschreibt Hermann Hesse (1877–1962) begeistert Gubbio und Montefalco.
1908 Die Schokoladenfabrik Perugina, die heute für ihre ›Baci‹ (Küsse) weltberühmt ist, nimmt die Produktion auf. – Alice Hallgarden Franchetti gründet in Città di Castello die Tela Umbra, eine Weberei für Leinen, das als das feinste der Welt gilt.
1920–23 Faschistische Schlägertruppen (Squadrismo) lösen sozialistische Parteiorganisationen (vor allem in Terni) gewaltsam auf.
1922 Der TCI, der Touring Club Italiano, gibt den ersten Umbrien-Reiseführer für Autofahrer heraus.
1923 Die Provinz Rieti wird an Latium abgetreten.
1926 Die Ausländeruniversität Università per Stranieri wird in Perugia durch königliches Dekret gegründet.
1926/27 Die Feierlichkeiten zum 700. Todestag des hl. Franziskus leiten das politische Tauwetter zwischen Faschismus und katholischer Kirche in Italien ein.
1927 Die noch heute gültige administrative Einteilung in die Provinzen Perugia und Terni wird vorgenommen. – Der Schriftsteller Luigi Malerba (›Die nachdenklichen Hühner‹) wird in Orvieto geboren.
1943/44 Wiederholte Bombenangriffe auf Terni, die ›Waffenschmiede Italiens‹.
1944 Der erbitterte Widerstand der Partisanen wird von den deutschen Okkupationstruppen mit blutigen Vergeltungsaktionen beantwortet.

1946 72% der Umbrer stimmen für die Republik und die Abschaffung der Monarchie.
1958 Der in New York lebende italienische Opernkomponist Giancarlo Menotti (* 1911) begründet in Spoleto das ›Festival dei Due Mondi‹. – Die hl. Klara, geistliche Schwester des hl. Franziskus, wird zur Schutzheiligen des Fernsehens proklamiert.
1959 Heinrich Böll (1917–1985) weilt in Assisi.
1962 Der amerikanische Neokonstruktivist Alexander Calder (1898–1976) errichtet sein Theodelapio-Stabile in Spoleto.
1964 Der hl. Benedikt wird zum Patron Europas erklärt.
1972 Der Regisseur Franco Zeffirelli dreht einen Film über den hl. Franziskus mit dem Titel ›Fratello Sole e Sorella Luna‹ (Bruder Sonne, Schwester Mond).
1988 Der Mailänder Stararchitekt Aldo Rossi errichtet in Perugia mit dem Palazzo della Ragione ein postmodernes Forum.
1989 Nestlé kauft das Unternehmen Perugina, die Belegschaft des Werks wird drastisch reduziert.
1990 Der Künstler Alberto Burri (1915–1995) eröffnet in den einstigen Tabakdörrhallen seiner Heimatstadt Città di Castello ein Museum namens Ex-Seccatoi Tabacchi für seine seriellen Collagen.
1991 Gianfranco Vissani in Baschi wird zum besten Restaurant Italiens gekürt.
1997 Ein schweres Erdbeben erschüttert Umbrien. Es fordert mehrere Todesopfer und bringt u. a. die Oberkirche von San Francesco in Assisi zum Einsturz.
2000 San Francesco in Assisi wird wieder eröffnet. Die Basilica und weitere franziskanische Stätten werden zum Weltkulturerbe der UNESCO erklärt. – Die linksdemokratische Philosophin Maria Rita Lorenzetti wird zur Präsidentin der Region gewählt.
2002 Die Restaurierung der Fresken in San Francesco ist abgeschlossen. Papst Johannes Paul II. lädt islamische Geistliche zum Religionsdialog nach Assissi ein.
2003/04 480 Jahre nach Peruginos Tod findet in Perugia eine große Ausstellung zum Werk des Renaissance-Malers statt.
2004 Die Schauspielerin Monica Bellucci (* 1969) aus Città di Castello spielt die Rolle der Maria Magdalena in Mel Gibsons Film ›The Passion of the Christ‹.

1997 richtete ein Erdbeben in Umbrien große Zerstörungen an, hier der Campanile des Doms von Foligno

2006 Die Parlamentswahlen im April gewinnt das Mitte-Links-Bündnis l'Unione mit Romano Prodi, der als neuer Ministerpräsident Silvio Berlusconi nach dessen fünfjähriger Regierung ablöst.
2007 Nach schweren Ausschreitungen am Rande eines Fußballspiels auf Sizilien, bei denen ein Polizist stirbt, werden mehrere italienische Fußballstadien vorübergehend für Besucher gesperrt.

Maria Magdalena – Monica Bellucci in Mel Gibson's ›The Passion of the Christ‹ (IT/USA 2004)

Orvieto erhebt sich auf einem mächtigen Tufffelsen mitten im Grünen. Rechts ragt die himmelstürmende Fassade des Doms auf

Unterwegs

Perugia – Rolltreppen ins Mittelalter

In den Mauern der umbrischen Hauptstadt Perugia treffen Vergangenheit und Gegenwart aufeinander. Mittelalterliche Kirchen, Paläste, sechsstöckige Wohnhäuser und dazwischen Studenten aus aller Welt: Die 1926 gegründete Ausländeruniversität, die **Università per Stranieri**, boomt, und Perugia ist aus dem Schlaf der Nostalgie erwacht. Bunte Rolltreppen wühlen sich durch den Tuffsteinsockel der Papstfestung **Rocca Paolina**, und auf dem **Corso Vannucci**, der schönsten Flaniermeile Italiens, geben sich Jazzmusiker, elegante Perusinerinnen und die halbe Alma mater ein multikulturelles Stelldichein. Die ausgedehnte Altstadt – heute größtenteils faszinierende Fußgängerzone – bietet Touristen wie Einheimischen ein abwechslungsreiches Programm: von der herrlichen **Galleria Nazionale** mit ihrer Sammlung umbrischer Malerei bis zum Kirchenmusikfestival in stillen Kreuzgängen.

Ensemble mittelalterlicher Repräsentationsbauten – Palazzo dei Priori, Fontana Maggiore und Corso Vannucci im Herzen Perugias

1 Perugia

Plan hintere Umschlagklappe

Zwischen mittelalterlichen Kirchen und Palästen lässt es sich gut flanieren und Italienisch lernen.

Perugia, Hauptstadt Umbriens und zudem die einzige Großstadt der Region (148 575 Einw.), ist in den letzten Jahren zwar stark angewachsen, doch blieb das Zentrum von neueren Baumaßnahmen weitgehend unberührt. Das mittelalterliche Perugia erstreckt sich auf zwei steil emporragenden Tuffkegeln, dem *Colle Landone* und dem *Colle del Sole*, die durch Aufschüttung miteinander verbunden wurden. Hier verläuft heute der Corso Vannucci. Er trägt den Namen des berühmtesten umbrischen Malers, Pietro Vannucci, gen. *Perugino*.

Geschichte Das antike **Perusia** war eines der blühendsten Etruskerzentren, dessen kultureller Einfluss bis in die Römerzeit reichte (Arco di Augusto, Ipogeo dei Volumni). 40 v. Chr. fiel hier im **Bellum**

Perusinum eine Vorentscheidung um die Macht in Rom. *Octavian*, der spätere Kaiser Augustus, stürmte nach siebenmonatiger Belagerung die ausgehungerte Stadt: Die Anhänger seines Rivalen *Mark Anton* mussten daraufhin Italien aufgeben.

Die eigentliche Glanzzeit Perugias war das Mittelalter: Die umbrische Metropole stand damals in Bezug auf Einwohnerzahl, Macht und Finanzstärke den großen Stadtrepubliken der Toskana in nichts nach. Darüber hinaus diente die treu guelfische Bergstadt immer wieder den **Päpsten** als Residenz: Fünf Konklaven fanden hier statt. Die Heiligen Väter wie der machtvolle *Innozenz III.* schätzten besonders die strategische Position des fast 500 m hoch gelegenen Perugia. Der 6 km lange Mauerring von 1327 ist bis heute fast vollständig erhalten.

Das 15. Jh. war von einem ständig schwelenden **Bürgerkrieg** der großen Adelsgeschlechter geprägt. Blutbäche sollen laut zeitgenössischen Chronisten mehr als einmal die steilen Gassen hinuntergeflossen sein. Zugleich investierten Familien wie die *Baglioni* und die wohlhabenden Zünfte in prestigeträchtige Kunst. Um 1500 wirkten in Perugia drei der besten Maler Italiens: *Perugino*, *Pinturicchio* und vor allem *Raffael*.

40 Jahre später war alles vorbei. Im **Salzkrieg** (der wegen Salzsteuern ausbrach) ließ der kriegerische Farnese-Papst *Paul III.* die freie Stadt erobern und kurzerhand ein ganzes Viertel mit einer Zwingburg, der **Rocca Paolina**, überbauen. Die stolze Stadt mit dem Greifenwappen wurde ein Provinznest des Kirchenstaats, der Umbrien fortan von Spoleto aus regierte.

Erst Mitte des 19. Jh., während des *Risorgimento*, der italienischen Einigungsbewegung, gelang den Perusinern die Loslösung vom Kirchenstaat. In den Jahren 1848/49 und ein weiteres Mal 1860 stürmten sie die Rocca Paolina und rissen sie nieder. Die Perusiner profitierten von der italienischen Einigung 1860, denn Perugia wurde damals die neue **Hauptstadt Umbriens**. Heute garantieren der Tourismus, die Università per Stranieri und erfolgreiche Unternehmen (ellesse-Sportkleidung, Perugina-Schokoküsse, Mode- und Möbelindustrie) beträchtlichen Wohlstand.

Besichtigung Es empfiehlt sich, das Auto in der Unterstadt auf einem der beiden großen ausgeschilderten Parkplätze

Guelfen contra Ghibellinen

»Hie Welf, Hie Waiblingen«, der Schlachtruf aus den Fehden zwischen Stauferkaiser *Friedrich Barbarossa* und dem Welfen *Heinrich dem Löwen*, hat Einzug in die italienische Sprache gefunden. **Guelfen** hießen fortan diejenigen, die sich gegen allzu großen kaiserlichen Einfluss in Italien stemmten und stattdessen die verhalten nationalitalienische Politik der **Päpste** unterstützten. Die staufische Festung Waiblingen (bei Stuttgart) hat hingegen den **Ghibellinen** ihren Namen gegeben. Sie vertrauten (in Umbrien unter der Führung Folignos) auf die Oberhoheit des **Kaisers**, der meist viel zu weit weg war, um ihnen in ihre Belange hineinreden zu können. In den meisten italienischen Kommunen kämpften Anhänger beider Richtungen permanent um die Macht.

(Piazza Partigiani und Viale Pompeo Pellini) am Fuße der Rolltreppen stehen zu lassen, da weite Teile der Oberstadt für den Autoverkehr gesperrt sind und ansonsten gravierender Parkplatzmangel herrscht. Ausnahme: Wer ein Hotel in Perugia gebucht hat, darf zu bestimmten Zeiten direkt vorfahren.

Südliche Oberstadt

Glanzvolles Zentrum der Oberstadt ist der Domplatz, die **Piazza IV Novembre**, an der die wichtigsten Sehenswürdigkeiten Perugias liegen: die Fontana Maggiore, der Palazzo dei Priori, der Duomo San Lorenzo, dessen Freitreppen der beliebteste Treff im *Centro* sind, und nicht zuletzt die 1555 geschaffene Bronzestatue Papst Julius' III. Die weite Piazza und die sie rahmenden, kostbar weiß und rosa schimmernden öffentlichen Bauten stellen die einstige Bedeutung der Stadt mit aller Deutlichekit zur Schau – schließlich war das freie Perugia eine der mächtigsten Stadtrepubliken des mittelalterlichen Italien.

Buon governo, effektive Politik, lässt sich an der **Fontana Maggiore** ❶, dem ersten mittelalterlichen Stadtbrunnen Europas, festmachen: 1254 beschloss der Stadtrat, fließendes Wasser mittels Aquädukten und Bleiröhren in das hoch gelegene Zentrum zu leiten – seit der Antike hatte es solche technisch-sozialen Gemeinschaftsleistungen nicht mehr gegeben. Mit der Gestaltung des Brunnens beauftragte man die prominentesten Bildhauer der Zeit, *Nicola Pisano* und seinen Sohn *Giovanni Pisano*. Die beiden Pisaner schmückten den dreischaligen Brunnen 1277/78 mit einem aufwendigen Figurenprogramm, einem absoluten Höhepunkt mittelalterlicher Profanplastik an der Schwelle zur Frühgotik.

Am reizvollsten sind die Monatsdarstellungen der *unteren Schale*, die die jeweils passenden ›Arbeiten‹ und Sternzeichen tragen, z. B. eine höfische Minneszene im Mai, Weinlese im Herbst, das Schlachten im Dezember. Dazu kommen Personifikationen der Freien Künste sowie Greif (Wappentier Perugias) und Löwe (guelfisches Symbol).

Am *oberen Becken* werden stadtgeschichtlich bedeutsame Symbolfiguren aus Antike und Christentum gezeigt. Besonders eindrucksvoll sind die thronende ›Roma‹ mit Krone, Löwenbrosche und streng fixierendem Blick sowie die ›Domina Laci‹, die Herrin des (Trasimenischen) Sees, die Fische präsentiert.

Zwischen 1345 und 1490 entstand der Neubau des **Duomo San Lorenzo** ❷ (Tel. 07 55 72 38 32). Die Fassade – bis heute im Rohbau verblieben – sollte ursprünglich wie die Flanke zur Piazza mit rotem und weißem Stein vom Monte Subasio (oberhalb Assisis) inkrustiert werden, zeigt aber noch immer ein von horizontalen Mauerstreifen beherrschtes, raues Antlitz.

Die Architektur des *Innenraums* bietet eine Überraschung: San Lorenzo ist eine der wenigen Hallenkirchen Italiens, d.h. die Seitenschiffe sind gleich hoch wie das Mittelschiff. Dieses eher nordalpine Schema dürfte dank der Internationalität des Franziskanerordens nach Umbrien importiert worden sein. Rechts vom Eingang hängt die 1569 von *Federico Barocci* geschaffene ›Kreuzabnahme‹. Das häufig kopierte Meisterwerk des Manierismus besticht durch schillerndes Kolorit und virtuose Komposition. Gleich links befindet sich die *Cappella del Sant'Anello*, Aufbewahrungsort des hl. Verlobungsrings Mariens. Nur einmal im Jahr, am 30. Juli, wird der Ring aus grünlicher Jade den Gläubigen gezeigt. Im rechten Querhaus befindet sich die imposante Sitzstatue *Papst Leos XIII.* (1878–1903), der einst Erzbischof von Perugia gewesen war. Seine Sozialenzykliken riefen eine der erfolgreichsten politischen Strömungen der Moderne ins Leben: die Christdemokratie. *Innozenz III.* hingegen, mächtigster Papst aller Zeiten, der die deutschen Kaiser in ihre Schranken wies und der Kirche eine straff-hierarchische Organisation verpasste, liegt vis-à-vis im schlichten Sammel-Papstgrab. Zum Abschluss ein Sprung nach Dresden: Richard Wagners gehasster Vorgänger als königlich-sächsischer Kapellmeister war *Francesco Morlacchi* aus Perugia, der ›letzte Italiener‹. Eine kleine deutschsprachige Gedenktafel für ihn hängt im linken Querschiff.

Etruskerfreunde sollten an der benachbarten *Piazza Danti* den unscheinbaren Eingang zum ältesten Stadtbrunnen nicht verpassen. Der ca. 40 m tiefe **Pozzo Etrusco** 3 (Tel. 075 5573 3669, April–Okt. Di–So 10–13.30, 14.30–18 Uhr, Nov.–März Di–So 10.30–13.30, 14.30–17 Uhr) aus dem 4. Jh. v.Chr. ist einer der typischen Bohrbrunnen, die vor dem Bau der Fontana Maggiore die Wasserversorgung von Perugia sicherstellten. Man steigt 4,50 m auf das antike Platzniveau hinunter. Dort sieht man den aus mächtigen Travertinblöcken aufgemauerten Brunnenrand mit zwei Balken, an denen noch die Gleitspuren der Seilwinde zu erkennen sind.

Ein schöner Spaziergang führt durch die steilen, von Schwibbögen überspannten Gassen hinter dem Dom, u. a. durch die **Via Maestà delle Volte** 4. Im Dämmerlicht zwischen eng aneinander stehenden Häusern sieht man hier einen weißroten Portikus, Rest des Oratoriums Maestà delle Volte (14. Jh.), sowie einen mittelaterlich anmutenden Brunnen von 1927.

Der zu den prächtigsten Kommunalbauten Italiens zählende **Palazzo dei Priori** 5, der frühere Amtssitz der aus zehn Prioren bestehenden Stadtregierung, bildet die südliche Begrenzung der Piazza IV Novembre. Die Fassade des Palastes wird auf der dem Platz zugewandten Schmalseite von zwei bronzenen Wappentieren, dem guelfischen Löwen und dem perusinischen Greif, bewacht.

Der Kern des Palazzo entstand 1293–97. Nachdem man kurzerhand mehrere angrenzende Adelsresidenzen enteignet hatte, wurde der Bau der Stadtregierung im 14. Jh. erheblich vergrößert. Ein umlaufender Zinnenkranz, herrliche filigrane hochgotische Palastfenster und ladenartige *Botteghe* im Erdgeschoss – so wurden Wehrhaftigkeit, Prunk und Arbeitswelt in der architektonischen Selbstdarstellung der Stadtrepublik vereint. Heute ist der Palast ein Konglomerat von Museen und Amtsräumen. Direkt unterhalb der zur Piazza gerichteten Loggia logiert das *Tourismusbüro IAT* (s. u.). Über die große Freitreppe gelangt man in die **Sala dei Notari** (Di–So 9–13, 15–19 Uhr), die zunächst für Volksversammlungen diente, ab 1582 jedoch der Zunft der Notare zur Verfügung gestellt wurde. Die Decke ist

Die elegante Fontana Maggiore, der älteste Stadtbrunnen Europas, kontrastiert mit der unvollendeten Fassade des Duomo San Lorenzo. Auf der Freitreppe die Statue Julius' III.

In der Sala dei Notari im Palazzo dei Priori fanden im Mittelalter Volksversammlungen statt, später war hier die Zunft der Notare beheimatet

mit z. T. sehr schlecht erhaltenen Fresken der römischen *Cavallini-Schule* (13. Jh.) ausgemalt, mit Fabeln, Monatsbildern und der Schöpfungsgeschichte.

Am Corso Vannucci liegen die Palasteingänge zum Collegio della Mercanzia und zum Collegio del Cambio. Diese gediegenen Amtsräume der vornehmsten Zünfte vermögen den Geist der Handel treibenden Renaissancegesellschaft eindringlich wiederzugeben.

Das **Nobile Collegio della Mercanzia** (März–Okt., 20. Dez.–6. Jan. Mo–Fr 9–13, 14.30–17.30, Sa, So 9–13 Uhr, Nov.–19. Dez., 7. Jan.–Febr. Di, Do, Fr 8–16.30, Mi, Sa, So 9–13 Uhr), der Sitzungssaal der Kaufmannschaft, ist mit kostbaren geschnitzten Nuss- und Pappelholzpaneelen getäfelt, die wohl von deutschen Wandergesellen ausgeführt wurden.

Die Zunft der Geldwechsler gehörte zu den mächtigsten Zünften Perugias und stellte seit 1385 sogar einen der zehn Prioren. In ihrem Sitz, dem **Collegio del Cambio** (tgl. 9–13, 14.30–17.30 Uhr), wird man daran erinnert, dass das Bankwesen eine italienische Erfindung ist – Wörter wie Giro, Konto oder Kasse geben davon Zeugnis. Das Collegio selbst ist berühmt wegen seiner Ausstattung. Höhepunkte sind in der *Sala dell'Udienza*, einem der gelungensten Profanräume der italienischen Renaissance, die wunderschönen Fresken *Peruginos* (1496–1500). Er hat hier

Perugino, der große umbrische Meister, ist mit einigen seiner Werke in der Galleria Nazionale dell'Umbria vertreten – hier die ›Anbetung der Könige‹ (1475–77)

ein humanistisches Bildprogramm geschaffen, in dem antike Exempel, christliche Heilslehren sowie Tugenden und Werte bürgerlichen Lebens in Gestalt von Personifikationen miteinander verwoben sind. So kann man etwa Sokrates als Vertreter von Weisheit und Gerechtigkeit, den Feldherrn Scipio Africanus als Vertreter von Stärke und Besonnenheit und dazwischen ein Selbstporträt Peruginos als *Egregius Pictor* (hervorragender Maler) bewundern.

Im obersten Stockwerk des Palazzo dei Priori ist die **Galleria Nazionale dell'Umbria** (Tel. 07 55 74 12 47, tgl. 8.30–19.30 Uhr, doch 1. Mo im Monat geschl., www.gallerianazionaleumbria.it) untergebracht, die bedeutendste Gemäldesammlung der Region. Hier kann man die umbrische Malerei und ihre Entwicklung zu einer der großen italienischen Schulen in aller Ausführlichkeit studieren. Die Sammlung kam übrigens durch die nach 1860 erfolgte Säkularisierung vieler umbrischer Klöster und Kirchen zustande. Der Bilder-Bogen spannt sich von byzantinisierenden Tafeln des 13. Jh. über hervorragende Arbeiten der Renaissance bis ins 18. Jh. Perugino, der bedeutendste umbrische Maler, ist mit einigen Hauptwerken vertreten, z. B. der ›Adorazione dei Magi‹ (Anbetung der Könige, 1475–77), die durch eine fast flämisch wirkende Detailgenauigkeit besticht (am linken Bildrand ein Selbstporträt des Meisters), und die ›Madonna della Consolazione‹ (1496–98), die zeigt, wie viel der junge Raffael seinem Lehrer Perugino verdankt. Daneben besitzt die Galleria auch qualitätvolle Gemälde sienesischer und florentinischer Maler. Meisterwerke sind z. B. die Darstellung der ›Madonna mit Kind‹ von *Duccio di Buoninsegna* (um 1300), das Polyptychon ›Madonna mit Kind und Heiligen‹ von *Fra Angelico* (1437) und das Polyptychon ›Madonna mit den hll. Franziskus, Antonius, Elisabeth und Johannes dem Täufer‹ von *Piero della Francesca* (1460/70).

Nach solch ausgiebigem Kulturgenuss bietet sich die unter Denkmalschutz stehende **Pasticceria Sandri** 6 von 1860 für eine Cappuccino-Pause an. Das Schweizerkreuz auf der Tasse und die Engadiner Nusstorte in der Auslage erinnern an die Graubündner Herkunft der Gründer.

Anschließend geht es zur *Passeggiata* auf den Corso Vannucci, dem liebsten Laufsteg der Perusiner. An der **Piazza Ita-**

Ganz bescheiden nennt sich Perugino in seinem Selbstporträt im Collegio del Cambio »hervorragender Maler«

Perugino – Egregius Pictor

»Hervorragender Maler« nennt sich Perugino in seinem **Selbstporträt** im Collegio del Cambio. Zu Recht, denn »dieser einmalige und unvergleichliche Meister der Wandmalerei, dessen Werke einen süßen, engelsgleichen Anhauch« besitzen, war damals auf der Höhe seiner Kunst und galt als **erster Maler Italiens**. Wenig später sollte ihn jedoch die neue Generation, sein Schüler Raffael und Michelangelo, der ihn öffentlich einen Tölpel in der Kunst nannte, überflügeln.

1445 als **Pietro Vannucci** in ärmsten Verhältnissen in Città della Pieve geboren, lernte er die Malerei unter schwierigsten Bedingungen, in einer Kiste nächtigend, in Perugia und in Florenz bei Andrea Verrocchio.

Mit seinen klaren, ausgewogenen Kompositionen und den eleganten Figuren, die er vor einen Landschaftshintergrund (der meist seine umbrische Heimat erkennen lässt) stellte, machte Perugino sich bald einen Namen. Aufträge führten ihn nach Florenz und Rom, wo er an der Ausmalung der **Sixtinischen Kapelle** beteiligt war. Mit den gewaltigen Veränderungen des 16. Jh. vermochte der alternde Maler indes nicht Schritt zu halten. Um 1510 verließ er Florenz, um während seiner letzten Lebensjahre in der umbrischen Heimat Dorfkirchen auszumalen. In Fontignano, nahe seiner Geburtsstadt, starb er 1523.

Hier gibt es den besten Kuchen Perugias und noch mehr – Pasticceria Sandri

lia 7 hat sich die jung geeinte Nation mit Risorgimento-Pathos verewigt: Nach der Schleifung der päpstlichen Rocca Paolina errichtete man hier Paläste und Denkmäler. Die gesamte Südseite wird vom *Palazzo della Provincia* (1870, Alessandro Arienti) eingenommen, die Regierung der Region Umbrien residiert gegenüber im *Palazzo Donnini* (1716–24, Pietro Carattoli). Im **Giardino Carducci** 8, benannt nach dem italienischen Literatur-Nobelpreisträger Giosuè Carducci (1835–1907), sitzt man im Schatten des Perugino-Denkmals (1923, Enrico Quattrini) und genießt den herrlichen Blick vom Belvedere. Das Panorama reicht von Assisi und den sibyllinischen Bergen bis zum westlichen Hügelland, hinter dem sich der Lago Trasimeno verbirgt.

Gleich bei der Piazza Italia befindet sich auch der Eingang zur ›Unterwelt‹: Von hier führen Rolltreppen in die faszinierenden Substruktionen der **Rocca Paolina** 9 (Tel. 07 55 72 84 40, tgl. 8–19 Uhr), der von Antonio da Sangallo d. J. konzipierten päpstlichen Zwingburg. Ein ganzes Viertel mit den Palästen der Guidalotti- und der Baglioni-Familie ließ der zürnende Papst Paul III. nach dem Salzkrieg 1540 mit dieser Festung überbauen. Sie wurde nach 1860 geschleift. Übrig blieb ein Labyrinth unterirdischer Gassen, das heute u. a. für Kunstausstellungen genutzt wird. Man wandert vorbei an den Überresten von mittelalterlichen Häusern, Geschlechtertürmen und Kirchen. Einer der Ausgänge liegt bei der **Porta Marzia** 10, einem etruskischen Stadttor mit römischem Skulpturenschmuck. Von hier führen die Via Marzia und die Via Oberdan wieder ins Zentrum zur **Piazza Matteotti** mit dem lang gestreckten *Palazzo dell' Università vecchia* (1453–83). Bereits 1200 wurde die Universität von Perugia gegründet. Bis Anfang des 19. Jh. hatte sie hier ihren Sitz, wurde dann aber an die Via Francesco Innamorati verlegt. Im benachbarten *Palazzo del Capitano del Popolo* (1472–81) residierte einst die Polizeidirektion Perugias. Doch die meisten Besucher kommen wegen des **Mercato Coperto** 11 hierher, der dreistöckigen überdachten Markthalle. Die 1932 errichtete Anlage ist nur vormittags geöffnet.

Nördliche Oberstadt

Über die Piazza Danti und die Piazza Piccinino gelangt man in den höchstgelegenen Teil der Oberstadt. Hier beherbergt die Chiesa **San Severo** 12 (Tel. 07 55 73 38 64, April–Okt. Mi–Mo 10–13.30 und 14.30–18.30 Uhr, Nov.–März Mi–Mo 10.30–13.30 und 14.30–17 Uhr) das einzige Werk *Raffaels* (1483–1520) in Perugia. 1505 erhielt der damals noch unbekannte Maler den Auftrag, die Chorwand der kleinen Kamaldulenserkirche auszuschmücken. Er stellte aber nur das obere Register mit der ›Trinità‹, der Dreifaltigkeit, und sechs auf Wolken thronenden Heiligen (darunter Ordensgründer Romuald) fertig. Besonders die beiden lieblichen Engel verraten die geniale Handschrift des Künstlers, der bald darauf in Rom Karriere machen sollte. Nach dem frühen Tod Raffaels vollendete sein greiser Lehrer Perugino 1520 den Auftrag und schuf die sechs Heiligen im unteren Register in seinem fahrigen Altersstil.

Von San Severo führt die Straße zur **Piazza Michelotti** 13, dem auf 500 m gelegenen höchsten Punkt der Stadt. Von der benachbarten baumbestandenen *Piazza Rossi Scotti* bietet sich ein Blick auf den nördlichen Teil der Oberstadt. Dann geht es über die steile Treppenrampe zur Piazza Fortebraccio hinunter.

Hier erhebt sich der mächtige **Arco di Augusto** 14, das antike Haupttor Perugias. Der Doppelbogen ist größtenteils etruskisch und wird ins 3./2. Jh. v.Chr. datiert. Nach dem Perusinischen Krieg ließ Octavian die Inschrift AUGUSTA PERUSIA anbringen. Die Rundschilde im Metopenfries sind ein in Perugia oft zitiertes Architekturmotiv. Rechts vom Tor ist ein Stück der etruskischen Stadtmauer erhalten.

Ein paar Schritte weiter erhebt sich der elegante barocke **Palazzo Gallenga-Stuart** 15, der im 18. Jh. für die Familie An-

Gemeinschaftsproduktion – nach dem Tod seines Schülers Raffael 1520 vollendete Perugino die Fresken der ›Trinità‹ in San Severo

tinori errichtet wurde. Hier soll der Komödiendichter *Carlo Goldoni* (1707–1797), dessen Vater als Arzt in Perugia praktizierte, zum ersten Mal eine Lesung gewagt haben. Seit 1926 ist der Palast Sitz der **Università per Stranieri** (Tel. 07 55 74 61, Fax 07 55 73 20 14, www.unistrapg.it). Die Ausländeruniversität zieht Sprachstudenten aus aller Welt an. Das Angebot reicht von Italienischkursen bis zu Film- und Etruskologieseminaren. Rund 8000 Hochschüler schreiben sich jährlich ein. Insgesamt gibt es heute über 30 000 Studenten in Perugia.

Das frühere Dominikanerkloster *Monastero di San Tommaso* in der nahen Via del Melo 34 beherbergt das (Natur-)Wissenschafts- und Technikmuseum **POST** 16 (Perugia Officina per la Scienza e la Tecnologia, www.perugiapost.it, Sa 15.30–19.30, So, Fei 10.30–13, 15.30–19.30 Uhr), das mit seinen zahlreichen interessanten interaktiven Exponaten und Experimenten nicht nur Kinder anspricht.

Von der Piazza Fortebraccio führt der stark befahrene Corso Garibaldi zu **Sant'Agostino** 17. Die Fassade der 1260 erbauten Kirche zeigt im unteren Bereich die für Perugia typischen geometrischen Rot-Weiß-Muster. In dem im 18. Jh. barockisierten Innenraum ist besonders das Renaissance-Chorgestühl sehenswert. Einen Besuch lohnt auch das benachbarte barocke *Oratorio* (17. Jh.) mit vergoldeter

Steiler Aufstieg – die Erkundung der hügeligen Altstadt von Perugia erfordert Kondition und Ausdauer, Serpentinenweg nahe der Università per Stranieri (links)

Schnitzdecke. Doch Ziel des Weges ist die am nördlichen Ende der Oberstadt direkt an der Stadtmauer gelegene **San Michele Arcangelo** 18. Der frühchristliche Zentralbau, innen rund, außen 16-eckig, wurde um 500 n. Chr. unter Verwendung antiker Säulen aus Granit und grünlich gemasertem *Cipollino* errichtet. Beachtung verdienen die schönen Kapitelle und der ebenfalls aus Spolien bestehende Altar. Die zypressenbestandene Grünfläche vor der Kirche lädt zur Rast ein.

Durch den Arco di Augusto und die steile *Via Ulisse Rocchi*, einem beliebten Treffpunkt der Studenten der Ausländeruniversität, geht es zurück ins Zentrum zu Duomo und Palazzo dei Priori. Unter einem Bogen des Palazzo führt die belebte und geschäftsreiche *Via dei Priori* abwärts. Auf der rechten Seite findet man eines der wenigen Beispiele für umbrischen Barock, die Oratorianerkirche **San Filippo Neri** 19 mit geschwungener Fassade über doppelter Freitreppe. Sie bewahrt die Herzreliquie des römischen Heiligen. Der einst reiche Bilderschmuck, u. a. Gemälde Guido Renis, wurde von Napoleon nach Frankreich entführt.

Vorbei an mittelalterlichen Kirchlein, Türmen und Toren sowie modernen Rolltreppen gelangt man schließlich auf einen großen Rasenplatz. Genau der richtige Ort für die einst in ganz Mittelitalien mit Begeisterung aufgenommenen Volkspredigten des sittenstrengen Franziskaners *Bernardino da Siena* (1380–1444), dem hier nach seiner Heiligsprechung 1450 das **Oratorio di San Bernardino** 20 errichtet wurde. Die Fassade der Kirche schuf der Florentiner Agostino di Duccio *all'antica*, d. h. er bildete sie einem römischen Triumphbogen nach. Die Flachreliefs mit *Wundern des hl. Bernhardin* lohnen eine vertiefende Betrachtung. Aus der Fülle seien zwei Details herausgehoben. Im mittleren Relief über dem Türsturz bewegt der Heilige die Perusiner durch seine Predigt zum Frieden, während ein Teufel aus dem Scheiterhaufen entweicht. Reizvoll ist auch die Schafherde auf den Pilastern, die sich vor dem Christusmonogramm des hl. Bernhardin verneigt. Die benachbarte riesige Kirche *San Francesco al Prato* (um 1230) ist heute Ruine. Links dahinter präsentiert das zur Akademie der Bildenden Künste gehörige **Museo dell'Accademia di Belle Arte** 21 (zzt. wegen Restaurierung geschl.) eine große Gipsabgusssammlung sowie drittklassige umbrische Gemälde und Stiche vom 16. Jh. bis zur Gegenwart.

Auf dem Rückweg kann man am 1780 errichteten **Teatro Morlacchi** 22 vorbeischlendern, das nach wie vor bespielt wird. Sehenswert sind die Logen des frühklassizistischen Innenraums.

Südliche Unterstadt

Wieder auf dem Corso Vannucci angelangt, lohnt schließlich noch ein Streifzug durch die südliche Unterstadt. Vom Mercato Coperto führt rechter Hand eine steile Rampe hinunter zu der auf antiken Fundamenten ruhenden *Porta Cornea*. Gleich rechts schmiegt sich **Sant'Ercolano** 23 an die etruskische Stadtmauer. Das

Der kleine frühchristliche Zentralbau San Michele Arcangelo zählt zu den interessantesten Kirchenbauten Perugias, die Grünfläche davor zu den beliebtesten Picknickplätzen

Die frühe Morgensonne taucht die südliche Unterstadt mit den beiden Kirchen San Domenico und San Pietro in ein märchenhaftes Licht

Obergeschoss der 1297–1326 errichteten Kirche wurde beim Bau der Rocca Paolina abgetragen, weil es den Päpsten die freie Sicht ins Tal versperrte. Der Innenraum dient heute als Gedenkstätte für gefallene Soldaten.

Ein paar Schritte entfernt gibt es im **Palazzo della Penna** 24 (Via Posiani 11, Tel. 07 55 73 36 69, tgl. 10–13, 15–19 Uhr) neben anderen Werken zeitgenösssicher Kunst auch sechs Schiefertafeln zu sehen, die *Joseph Beuys* (1921–1986) 1980 in Perugia bemalte.

Auf dem Corso Cavour geht es weiter zur Kirche **San Domenico** 25 (Tel. 07 55 73 16 35, Führungen Sa, So vormittag nach Voranmeldung). Dieser gigantische Bettelordensbau wurde ab 1305 von den Dominikaner-Baumeistern *Fra Corrado* und *Fra Nicola* als Hallenkirche begonnen. Als sie 1614 einstürzte, übernahm *Carlo Maderna*, Baumeister der Peterskirche in Rom, die barocke Neugestaltung. Der helle, monumentale *Kirchenraum* wird optisch dominiert von dem 21 m hohen Chorfenster des 15. Jh., dessen Glasmalereien 24 Heilige darstellen. Es ist das größte Glasfenster Italiens nach denen des Mailänder Doms. In den fünf Chorkapellen wurden die ursprünglichen Kreuzrippen wieder freigelegt. Ein edles Werk ist das dunkle, 1476–98 geschnitzte Renaissance-*Chorgestühl*. Ebenfalls in der Hauptkapelle befindet sich die von dem Bolognesen Alessandro Algardi geschaffene Büste der *Elisabetta Cantucci* (1648). Vor der Kapelle bezeichnet eine Bodenplatte die Gräber der *Baglioni*, des führenden Adelsgeschlechts Perugias in der Renaissance. In der rechts angrenzenden Kapelle ruht *Papst Benedikt XI.*, der 1304 in Perugia an vergifteten Feigen starb. Sein katafalkartiges Wandgrab, dessen Vorhang Engel beiseite ziehen, vereint florentinische und pisanische Einflüsse.

Im einstigen Kreuzgang des Dominikanerklosters wartet das selten besuchte **Museo Archeologico Nazionale dell'Umbria** 26 (Tel. 07 55 72 71 41, www.archeopg.arti.beniculturali.it, tgl. 8.30–19.30 Uhr) mit einer umfangreichen Sammlung prähistorischer und antiker (etruskischer und römischer) Funde auf. Highlights sind verschiedene *Bronzeschmuckstücke*, der *Cippus von Perugia* (ein Grenzstein mit dem drittlängsten bekannten etruskischen Text) und ein *Stinksteinsarkophag* (Pietra fetida) des 5. Jh. v. Chr. aus Chiusi.

Die mittelalterliche **Porta San Pietro** 27 wurde von *Agostino di Duccio* 1475 in ein zweibogiges Renaissance-Triumphtor verwandelt. Dahinter liegt links die altehrwürdige Basilika **San Pietro** 28, in der im Mittelalter immer wieder einmal Päpste residierten. 969 geweiht, wurde sie im 13. und 14. Jh. durchgreifend erneuert. Der düstere dreischiffige *Innenraum* ist mit bläulichen antiken Bardiglio- und Granitsäulen geschmückt, die Flachdecke wurde 1556 prunkvoll vergoldet. Berühmt ist San Pietro für seinen Reichtum an Gemälden. Der Grieche *Antonio Vassilacchi*, Schüler Tintorettos, schuf die großflächigen alt- und neutestamentarischen Bilder des Obergadens und der Eingangswand, weitere Werke (auch in der Sakristei) stammen von *Guercino*, *Guido Reni* und *Giorgio Vasari*. Das *Chorgestühl* (1526–91) mit den possierlichen Bestien und Sphingen auf den Stuhlwangen gilt als das feinste Umbriens. Krönender Abschluss der Besichtigung ist der Blick vom Apsisbalkon über die weite umbrische Landschaft.

TOP TIPP Eines der schönsten etruskischen Gräber, das **Ipogeo dei Volumni** 29 (Via Assisana, Tel. 0 75 39 33 29, tgl. 9–13, 15.30–18.30 Uhr, Juli/Aug. tgl. 9–12.30, 16.30–19 Uhr, meist nur fünf Besucher auf einmal), liegt im östlichen Vorort *Ponte San Giovanni* (Bus Nr. 4, 92, 93). Das hausartige Schachtgrab wurde 1840 entdeckt. In den um 150–30 v. Chr. entstandenen Grabkammern (*Cubicula*) wurden Mitglieder der vornehmen Sippe der Volumnier, darunter Publius Volumnius und Arnth Velimnas, bestattet. Letzterer ließ sich nach etruskischer Sitte wie ein Bankettteilnehmer auf seinem Sarkophag liegend darstellen, während die engelsartigen Totendämonen Vanth und Culsu mit Fackeln Wache halten.

Doch Perugia verharrt nicht in der Vergangenheit. Wer moderne Urbanistik sehen möchte, fährt in die Unterstadt, nach Fontivegge. An der *Piazza Nuova* (volkstümlich auch Piazza dei Baci) errichtete *Aldo Rossi* (1931–1997), Mailänder Stararchitekt mit Berlin- und Genua-Connections, 1988 ein postmodernes Forum mit dem **Palazzo della Regione** 30. Viel Marmor, Betonstelzen, klare Linien und Betonung der Fenster – im typischen Stil Rossis sind behutsame Anleihen an die faschistische Architektur unverkennbar.

Praktische Hinweise

Information

IAT, Palazzo dei Priori, Piazza IV Novembre 3, Perugia, Tel. 07 55 73 64 58

APT, Via Mazzini 21, Perugia, Tel. 07 55 72 89 37, Fax 07 55 73 93 86

www.perugiaonline.com
www.perugialife.it

Flughafen

Aeroporto Internazionale dell'Umbria, S. Egidio, 12 km vom Perugia, Tel. 075 59 21 41, Fax 07 56 92 95 62, www.airport.umbria.it. Regelmäßige Busverbindungen mit Perugia.

Bahn

Stazione FS, *Perugia Fontivegge* (Hauptbahnhof), *Perugia Ponte San Giovanni* (am Stadtrand), *Perugia Sant'Anna* (Regionalverkehr, in zentraler Lage), www.trenitalia.com

Bus

APM (Azienda Perugina della Mobilità), Info-Tel. 800 51 21 41, Tel. 075 50 67 81, www.apmperugia.it. Stadtverkehr.

SULGA (Società Umbro Laziale Gestione Autolinee), Tel. 800 09 96 61, 07 55 00 96 41, www.sulga.it. Busverbin-

Die Etrusker – Künstler des Grabes

Noch immer liegt über der etruskischen Kultur der Schleier des Geheimnisses. Die Haupthinterlassenschaft der Etrusker sind faszinierend schöne **Grabkammern**. Ihre **Schrift** und **Sprache** allerdings sind noch immer nicht ganz entziffert, und um ihre **mythische Herkunft** aus dem Osten hat die Wissenschaft Ströme von Tinte vergossen. Dazu kommen die erotischen Mysterien ihrer Grabmalereien und seltsame Tischmanieren: Die etruskischen Männer aßen mit ihren Frauen gemeinsam, ja lagen sogar mit ihnen auf demselben Speisesofa.

Die Etrusker bildeten vom 8. bis 4. Jh. v.Chr. die **überlegene Kultur** in Mittelitalien. Etruskischer Adel herrschte im Rom der frühen Königszeit und spielte hier bis in die Kaiserzeit eine gesellschaftspolitisch wichtige Rolle. Ein typischer Vertreter der adels- und ahnenstolzen Volkes war z. B. Mäzenas, der Freund Augustus' und Förderer Vergils. Im 1. Jh. n. Chr. schließlich wurde die eigenständige etruskische Kultur endgültig vom Römisch-Lateinischen aufgesogen.

Zentren der Etrusker, die nie einen festen Staatsverband, sondern nur in Kultgemeinschaft vereinigte Städte kannten, lagen nicht nur auf dem Boden der nach den *Tusci* (lat. Etrusker) benannten **Toskana**. Gerade **Latium** (Tarquinia, Cerveteri) und **Westumbrien** (Perugia, Todi und das ›Nationalheiligtum‹, der Hain von Volsinii) gehörten zu ihren Kerngebieten.

Die Zeit der mächtigen Kommunalpaläste ist noch lange nicht vorbei – in Perugia entstand 1988 nahe dem Bahnhof der Palazzo della Regione, ein Werk Aldo Rossis

dungen bis nach Mailand, Florenz, Rom, Neapel etc.

Taxi

Radiotaxi, Tel. 07 55 00 48 88 (6–2 Uhr)

Hotels

********Giò Arte e Vini****, Via Ruggero d'Andreotto 19, Perugia, Tel./Fax 07 55 73 11 00, www.hotelgio.it. Großzügiger Komfort und passend zum Namen des modernen Hotels ist jedes Zimmer einem italienischen Wein und einem Künstler gewidmet.

******La Rosetta**, Piazza Italia 19, Perugia, Tel./Fax 07 55 72 08 41, www.perugia online.com/larosetta. Traditionshotel mit Restaurant im Cortile und schönen Zimmern zum Corso Vannucci.

TOP TIPP ******Locanda della Posta**, Corso Vannucci 97, Perugia, Tel. 07 55 72 89 25, Fax 07 55 73 25 62, www.umbriatravel.com/locandadella posta. Schon Goethe nächtigte hier 1786 und noch heute präsentiert sich das zentral am Corso gelegene Hotel stilvoll und elegant.

*****Fortuna**, Via Bonazzi 19, Perugia, Tel. 07 55 72 28 45, Fax 07 55 73 50 40. Angenehmes, freundliches Hotel mit Dachterrasse unweit des Corso Vannucci.

****Primavera Mini Hotel**, Via Vincioli 8, Perugia, Tel. 07 55 72 16 57, Fax 07 55 72 76 81. Mit acht Zimmern das kleinste Hotel in der Altstadt.

Ostello della Gioventù, Via Bontempi 13, Perugia, Tel./Fax 07 55 72 28 80. Jugendherberge beim Dom für Alt und Jung. Mit Küche für Selbstversorger.

Restaurants

Dal Mi' Cocco, Corso Garibaldi 12, Perugia, Tel. 07 55 73 25 11. Echt perusinisch bis zur Dialektspeisekarte. Geröstete Gans und andere Schmankerl bietet dieses Restaurant nahe der Ausländeruniversität (Mo geschl.).

Osteria del Ghittone, Via Caporali 12, Perugia, Tel. 07 55 72 77 88. Zur traditionsreichen Küche gehören u. a. hausgemachte Umbricelli-Nudeln und Olivenöl aus eigener Produktion (Di geschl.).

Énonè, Corso Cavour 61, Perugia, Tel. 07 55 72 19 50. Moderne Vinothek und Bar mit kreativer Küche in einer früheren Apotheke. Weinverköstigung und -verkauf (nur abends geöffnet, Di geschl.).

Osteria dell'Olmo, Stazione Ellera 8, Strada Olmo, Perugia, Tel. 07 55 17 91 40. Das Ausflugslokal ist auf Trüffel- und Lammgerichte spezialisiert (Mo geschl.).

Pasticceria Sandri, Corso Vannucci 32, Perugia, Tel. 07 55 72 41 12. Das Traditionscafé offeriert neben köstlichen Kuchen mittags in elegant-qualvoller Enge auch verfeinerte umbrische Küche (Mo geschl.).

Von Orvieto nach Città di Castello – über den Ufern des Tiber

Umbrien ist Tiberland. Auch wenn der *Tevere* meist durch Schilfdickicht verdeckt romwärts eilt – einige der schönsten Städte Umbriens liegen hoch über seinen Ufern. Neben Perugia vor allem die malerische alte Etruskermetropole **Orvieto**. Ihren in Tuffgrotten gereiften Wein schätzten bereits die Päpste, die die Stadt zu ihrer Residenz erkoren und den juwelenhaft bunten Duomo S. Maria Assunta über den für Orvieto typischen gelben Häusern hochzogen. Weniger Kunst als Wohlfühlen pur ist in der Hügelstadt **Todi** angesagt. Und wer den Tiber, der im toskanischen Bergland entspringt, ganz hautnah erleben möchte, muss zu den Kanutenclubs von **Città di Castello** in der nördlichen *Alta Valle Teverina* fahren.

2 Orvieto

Plan Seite 32/33

Leben in und auf einem gewaltigen Fels aus Tuff.

Kunst vom Feinsten, goldgelber Wein vom Feinsten und eine einzigartige landschaftliche Lage: Orvieto erstreckt sich auf einer riesigen *Tuffknolle*, die die Stadt immer wieder vor Eroberungen geschützt und zugleich das Baumaterial für seine ebenfalls goldgelben Häuser geliefert hat. Heute weitgehend verkehrsberuhigt, ist Orvieto eine Stadt zum Spazierengehen und Entdecken: Die fantastische Kulisse des golden funkelnden Doms mit den packenden Weltgerichtsfresken *Luca Signorellis*, Panoramablicke in die Rebhügel und Ölberge, spannende Ausflüge in die Brunnen und Grotten der Unterwelt. Dazwischen erstklassige Restaurants und Shoppingmöglichkeiten vom handgeschnitzten Pinocchio bis zur glasierten Renaissance-Majolika. Schon im Mittelalter fühlten sich die Päpste in der alten Etruskerstadt ausgesprochen wohl, und auch heute gibt es zahlreiche Gründe, es den vielen römischen Wochenendtouristen gleichzutun.

◁ **Oben:** *Orvieto in der Abendsonne*
Mitte: *Sockelreliefs am Duomo S. Maria Assunta – nach dem Sündenfall droht Adam und Eva der Rauswurf aus dem Paradies*
Unten: *Goldene Mosaike aus dem Marienleben an der Domfassade*

Geschichte Das schon seit dem 2. Jt. v. Chr. besiedelte **Volsinii** war die Hauptsiedlung der Etrusker. Unterhalb des Tuffpilzes dürfte das *Fanum Voltumniae* gelegen haben. Dieser heilige Hain war das kultische Zentrum, in dem sich einmal im Jahr alle etruskischen Städte zu *Festspielen* trafen. 264 v. Chr. nahmen die Römer nach 12-monatiger Belagerung die ausgehungerte Festung ein, töteten die Adligen und siedelten den Rest der Bevölkerung in dem 13 km entfernten **Bolsena** an. Kostbarste Kriegsbeute waren 2000 etruskische Bronzestatuen.

Im Mittelalter galt Orvieto als eines der **politischen Zentren** Italiens. Die Päpste, vom selbstbewussten römischen Stadtadel nur widerwillig in der Heiligen Stadt geduldet, schätzten Orvieto als sichere Residenz. Berühmt ist die Flucht des Medici-Papstes *Clemens VII.* 1527, der sich hier vor den Rom plündernden deutschen Landsknechten verschanzte und im selben Jahr den Trinkwasserbrunnen Pozzo di San Patrizio bohren ließ. Zugleich tobten auch in Orvieto die **Geschlechterkriege**, hier unter Führung der mächtigen Familien *Filippeschi* und *Monaldeschi*, die Dante in ›La Divina Commedia‹ (1307–1321) als besonders furchtbar erwähnt. Während der Auseinandersetzungen im Jahr 1286 wurden sogar Frauen und Kinder von den Felsklippen gestürzt.

Umso friedlicher verlief die neuere Geschichte Orvietos. Jahrhundertelang in den friedlichen Schlaf der Provinz versun-

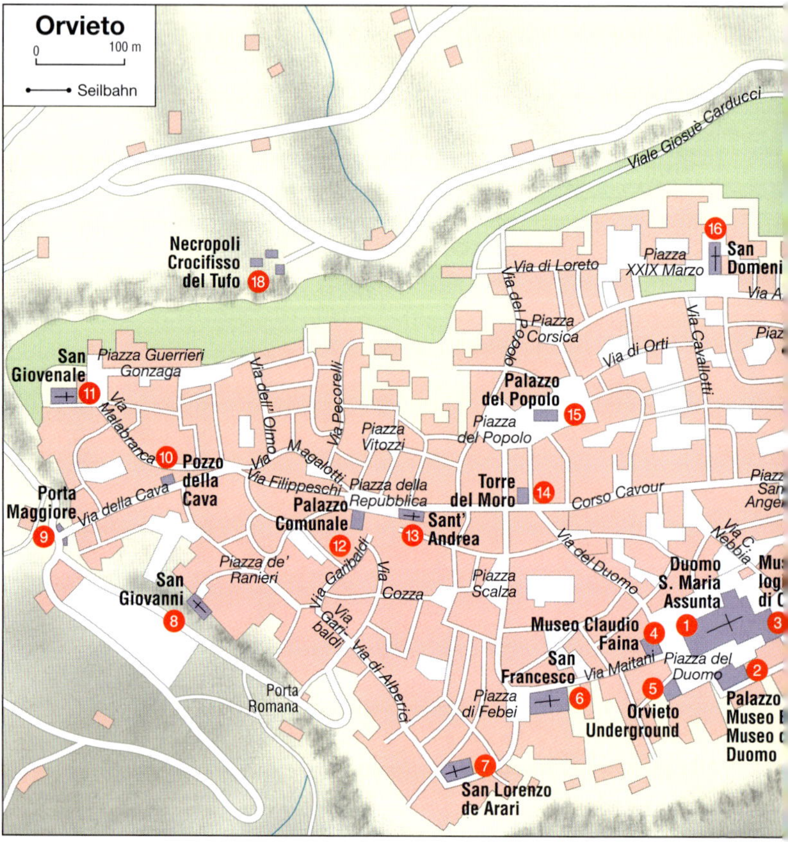

ken, erwachte die Stadt erst durch den Tourismus- und Orvieto-Wein-Boom der vergangenen Jahre zu neuer Blüte.

Besichtigung Es empfiehlt sich, das Auto in der Unterstadt beim Bahnhof zu parken und mit der Kabinenbahn *Funicolare* in die Oberstadt zu fahren, wo regelmäßig Mini-Shuttle-Busse verkehren.

TOP TIPP Dem Messwunder von Bolsena (s. u.) verdankt der **Duomo S. Maria Assunta** 1 (Tel. 07 63 34 35 92, www.opsm.it, April–Sept. tgl. 7.30–12.45 und 14.30–19.15 Uhr, Nov.-Febr. bis 17.15 Uhr, März und Okt. bis 18.15 Uhr), dessen Fassade in farbigen Mosaiken funkelt, seine Gründung und seine prunkvolle Ausstattung. Das kostbare *Corporale*, das mit Christusblut befleckte Messtuch, wird in einer Kapelle des Doms ausgestellt.

Die Grundsteinlegung der Basilika erfolgte 1290 durch *Papst Nikolaus IV.* persönlich. Das spätromanische Langhaus mit der charakteristischen Schwarz-Weiß-Bänderung aus Bagnoregio-Lava und lokalem Travertin geht wahrscheinlich auf Pläne des Florentiner Dombaumeisters *Arnolfo di Cambio* zurück. Typisch umbrisch sind die *Torrioni*, die turmartigen Nischen, die den Außenbau seitlich verstärken.

Die entscheidende gotische Prägung ist *Lorenzo Maitani* zu verdanken. Der aus Siena stammende Bildhauer und Architekt übernahm 1305 die Bauleitung und entwarf die kostbare **Fassade** nach dem Vorbild der Domfassade seiner Heimatstadt: Sie wirkt, als sei juwelengeschmückte Goldschmiedekunst in gigantische Architektur transponiert worden. So erscheint der gesamte Dom als Mega-Reliquiar der Christus-Blut-Hostie. Das *Bildprogramm* der Fassade entspricht dem Namen des Doms: Mariä Himmelfahrt. Die Mosaike, die das Leben der Gottesmutter darstellen (u. a. die ›Geburt Mariä‹ im Wimperg des rechten Seitenportals, die ›Verkündigung‹ oberhalb des linken Seitenportals und die ›Marienkrönung‹

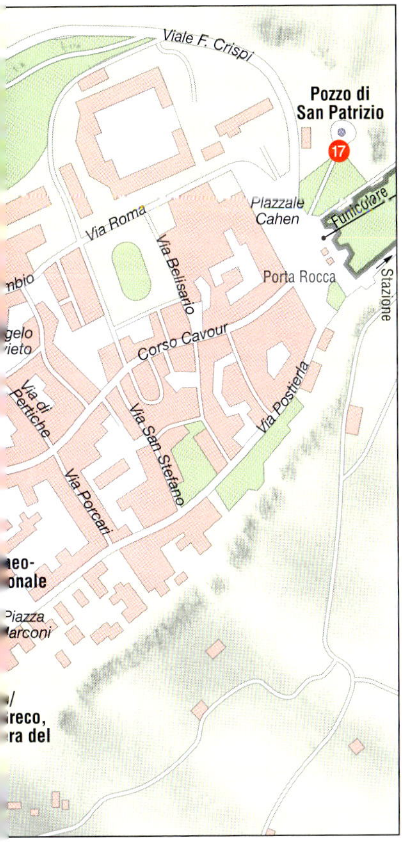

ganz oben), sind im 17.–19. Jh. stark überarbeitet worden.

Den künstlerischen Höhepunkt der Fassade bilden die vier *Sockelreliefs* (1310–30), insbesondere die beiden äußeren, die Maitani und seiner Werkstatt zugeschrieben werden. Die Reliefs des ersten Pfeilers links erzählen die Schöpfungsgeschichte. Besonders reizvoll: die Tier- und Baumdarstellungen im unteren Bereich, die träumerisch wirkende Szene der Erschaffung Evas aus der Rippe Adams und rechts, an der umknickenden Bildkante, die Szene, in der sich Adam und Eva vor dem zürnenden Gott im Gebüsch ducken. Der zweite Pfeiler, im frühgotischen Stil der Bildhauerfamilie Pisano gearbeitet, präsentiert in den oberen Registern das charakteristische, gröber ausgearbeitete *non finito*. Die Szenen zeigen u. a. die Mosesgeschichte. In gleicher Manier erscheint der dritte Pfeiler mit Darstellungen aus dem Christus- und Marienleben. Ein sehenswertes Detail ist der kleine Drachen in der ›Flucht nach Ägypten‹. Eindringliche Szenen menschlicher Verzweiflung bietet Maitanis rechter Pfeiler mit dem ›Weltgericht‹. Hier wird die Auferstehung des Fleisches und die Scheidung der Seligen und Verdammten in expressiven Nacktszenen geschildert. Auch den Höllenfantasien wird viel Raum gegeben.

Im **Inneren** offenbart sich der Dom als eine Mischung aus romanischer Architektur und gotischem Fensterdekor. Die Raumwirkung beherrscht auch hier das farbige Steinmuster. Die arabisch-toskanischen Vorbildern entlehnte Schwarz-Weiß-Bänderung ist im oberen Teil nur aufgemalt.

Das Corporale wird in der großen querschiffartigen **Cappella del Corporale** links vom Chor aufbewahrt und nur zu Ostern und Fronleichnam öffentlich ausgestellt. Das Reliquiar (1338), eine kostbare Goldschmiedearbeit *Ugolino da Vieris*, steht links in einer Glasvitrine. *Fresken* Ugolino da Prete Ilarios erzählen die Geschichte des Corporale (rechts) und verschiedene Hostienwunder (links). In herrlichen Karmesintönen strahlt schließlich das 1320 von dem Sienesen *Lippo Memmi* geschaffene Gemälde der ›Schutzmantelmadonna‹, die unter ihrem hermelingefütterten Mantel Betende aller Stände vereint.

Pilgerstätte aller Kunstfreunde ist die vis-à-vis gelegene **Cappella di San Brizio** (Tickets beim Tourismusbüro, Tel.

Corporale und Fronleichnam

Kaum ein Dogma trennt katholische und protestantische Kirchen so wie der Zungenbrecher **Transsubstantiation**. Denn nach katholischer Lehre ist die Hostie beim Abendmahl nicht ein Symbol, sondern der *reale Leib Christi*. Für das Mittelalter, das von reformatorischen Zweifeln nicht frei war, bot das **Messwunder von Bolsena** den idealen Beweis für diese Lehre. Im Dom von Bolsena erlebte 1263 der skeptische Priester Peter von Prag, wie aus der Hostie Blut auf das Altartuch tropfte. Dieses so genannte **Corporale** wurde dann in einer Prozession zu dem in Orvieto residierenden Papst gebracht. Die Reliquie nahm Urban IV. 1264 zum Anlass, ein neues Kirchenfest zu etablieren: **Fronleichnam** – Corpus Christi.

07 63 34 35 92, www.opsm.it, April–Juni Mo–Sa 9–12.45, 14.30–19.15, So 14.30–17,45 Uhr, Juli–Sept. Mo–Sa 9–12.45, 14.30–19.15, So 14.30–18.45 Uhr, März und Okt. Mo–Sa 9–12.45, 14.30–18.15, So 14.30–17.45 Uhr, Nov.–Febr. Mo–Sa 9–12.45, 14.30–17.15, So 14.30–17.45 Uhr), die nach der letzten Restaurierung wieder in frischen Farben erstrahlt. Der Toskaner *Luca Signorelli* (um 1441/50–1523) aus Cortona hat hier 1499–1502 ein Jahrhundertwerk geschaffen, das die sanfte toskanische Frührenaissance des Quattrocento (15. Jh.) in gewisser Weise abschließt und zur kraftvollen Manier der römischen Hochrenaissance des 16. Jh. überleitet. Zugleich ist der Zyklus des ›**Giudizio Universale**‹ (Weltgericht) auch ein bedeutendes geistesgeschichtliches Dokument: Nie zuvor wurde das Weltende so ausführlich geschildert.

Der Bilderreigen beginnt an der linken Wand mit den selten dargestellten ›*Taten des Antichrist*‹, dessen Auftreten hier das Weltgericht ankündigt: Der christusähnliche Betrüger lässt sich von einem Teufel mit korallenroten Hörnern die Stichwörter geben. Zu seinen Füßen liegen gehortete Goldschätze, um ihn herum versinkt die Menschheit in Gewalt. Ganz links unten hat der Maler sich selbst verewigt. Hinter ihm erscheint im Mönchshabit der Florentiner *Fra Angelico*, der 1447 mit der Ausmalung der Decke begonnen hatte, dann aber von Papst Nikolaus V. nach Rom gerufen wurde.

Die Eingangswand zeigt von Panik erfüllte Szenen des ›*Weltendes*‹, eindrucksvoll sind die gruseligen Verfärbungen des Himmels, vor dem Teufel Feuerstrahlen auf die Menschen schleudern.

An der rechten Wand fasziniert zunächst die berühmte ›*Auferstehung des Fleisches*‹, eine der großartigsten Nacktszenen der Renaissance. Aus einer kalten, grauen, fast wie Eis wirkenden Fläche tauchen die Toten wie benommen aus ihren Gräbern auf – besonders wirkungsvoll ist der Kontrast zwischen den Totengerippen und den athletischen Körpern der zum Leben erweckten. Die anschließende Szene ›*Die Verdammten*‹ bildet den Höhepunkt des Zyklus. Das Inferno ist als massives Knäuel ringender Teufel und Menschen inszeniert. Ein sadistisches Kaleidoskop mit Folter, Qualen und Absurditäten – im Himmel fliegt die Hure Babylon auf einem Teufel – hat Signorelli hier aufgeboten. Vergleichsweise steif und hölzern wirken die Engel, die die Verdammten abwehren.

In den Fresken der Altarwand schließlich werden die Verdammten von den Erlösten geschieden. Der vom Dämon gepeitschte Jüngling soll Michelangelo besonders beeindruckt haben. Die am stärksten der Darstellungstradition verhafteten Szenen mit der ›*Himmelfahrt der Erlösten*‹ schließen den großartigen Bildzyklus Signorellis ab.

Die **Piazza del Duomo** wartet auch mit wichtigen Museen auf. Gleich rechts neben dem Dom bezeichnet ein Papstwappen den wuchtigen **Palazzo Soliano** 2, der 1297 von Papst Bonifaz VIII. errichtet wurde. Hier wird heute im **Museo Emilio Greco** (Tel. 07 63 34 46 05, April–Sept. Mo–Fr 10.30–13, 14–18.30, Sa/So 10.30–13, 14–19 Uhr, Okt.–März tgl. 10.30–13, 14–17.30 Uhr) das Œuvre des Sizilianers Creco (1913–1995) präsentiert. Sein prominentester Kunde war Papst Johannes XXIII., dessen 6 m hoher *Bozzetto* (Rohmodell einer Statue) Blickfang des Museums ist. 1964–70 goss der Bildhauer die wegen ihres modernen Stils umstrittenen *Bronzetüren* des Duomo. Das ebenfalls im Palazzo Soliano untergebrachte **Museo dell' Opera del Duomo** (nur auf Voranmeldung, Tel. 07 63 34 35 92, www.opsm.it), die Sammlung der Dombauhütte, zeigt u. a. Meisterwerke von Coppo di Marcovaldo, Simone Martini, Andrea Pisano und Arnolfo di Cambio.

Der etwas zurückgesetzte *Palazzo Papale* beherbergt das **Museo Archeologico Nazionale di Orvieto** 3 (Tel. 07 63 34 10 39, www.archeopg.arti.beniculturali.it, tgl. 8.30 –19.30 Uhr) mit interessanten etruskischen Grabmalereien. Der Domfassade gegenüber kann man im **Museo Claudio Faina** 4 (Tel. 07 63 34 15 11, www.museofaina.it, April–Sept. tgl. 9.30–18 Uhr, Okt.–März Di–So 10–17 Uhr) etruskische Reliefs und die 3500 Stücke umfassende Sammlung griechischer Vasen aus dem Besitz des Grafen Faina bewundern.

Wer Abenteuerlust besitzt, sollte sich die vom Tourismusbüro IAT (Piazza del Duomo 24, tgl. 11, 12.15, 16, 17.15 Uhr) angebotene Führung **Orvieto Underground** 5 (Tel. 07 63 34 48 91) durch die Tuffgrotten nicht entgehen lassen. Seit etruskischer Zeit haben die Bewohner Gänge und Kammern in dem porösen Gestein angelegt, ein Teil dieser Unterwelt ist öffentlich zugänglich.

TOP TIPP

Überdimensionales Reliquiar für das Corporale – der Dom von Orvieto glänzt mit seiner mosaik- und reliefverzierten Fassade

Das rechte Maß aus den Augen verloren – die an der Piazza della Repubblica gelegene Basilica Sant'Andrea leistet sich einen etwas zu groß geratenen Campanile

Die schmale *Via Maitani* führt vom Domplatz durch die Altstadt. Die einschiffige Bettelordenskirche **San Francesco** 6 enthält ein Kreuz aus der Maitani-Schule. Das romanische Kirchlein **San Lorenzo de Arari** 7 wiederum ist eine Fundgrube für Fresken-Fans (Episoden aus dem Leben des hl. Laurentius).

Über Via di Alberici und Via Garibaldi erreicht man die *Ripa Medici*, einen der schönsten Spazierwege entlang der Felskante. Von der Kirche **San Giovanni** 8, in der heute Wechselausstellungen stattfinden, gelangt man schließlich zum alten etruskischen Stadttor **Porta Maggiore** 9. Nicht nur für Fotografen lohnt die Besichtigung dieser wuchtigen Schneise im Tuffmassiv. Auf der linken Seite der Via della Cava trifft man auf den Tuffgrottenkomplex **Pozzo della Cava** 10 (Tel. 07 63 34 23 73, Di–So 8–20 Uhr). Kernstück der Anlage ist ein zeitgleich mit dem Pozzo di San Patrizio [s. S. 37] angelegter 25 m tiefer Brunnen, der jahrhundertelang verschüttet war. Im Mittelalter war hier eine Keramikwerkstatt eingerichtet, heute werden Nachbildungen einiger Fundstücke angeboten.

Feierliche Stimmung vermittelt die altehrwürdige Kirche **San Giovenale** 11 von 1004. Abgesehen von der Fülle von Freskenfragmenten kann man links vom Seiteneingang einen Totenkalender für Gedenkmessen entdecken.

Nun geht es zurück ins Zentrum, zur *Piazza della Repubblica*: Der **Palazzo Comunale** 12 wurde verkehrsgerecht gestaltet: Das im 16. Jh. von *Ippolito Scalza* umgebaute Regierungsgebäude hat einen Durchfahrtsbogen. Ebenfalls zur Piazza schaut die Kirche **Sant'Andrea** 13, die durch einen wehrhaften zwölfeckigen *Campanile* auffällt. Im Inneren sind römische Granitsäulen und eine Kosmatenkanzel sehenswert, von der aus *Papst Innozenz IV.* 1216 Friedrich II. zum Kreuzzug aufforderte.

Der *Corso Cavour* mit seinen kleinen Geschäften und Bars ist der beliebteste Treffpunkt der Orvietaner. Von der **Torre del Moro** 14 (Tel. 07 63 34 45 67, März, April, Juni, Juli, Sept., Okt. tgl. 10–19, Mai, Aug. tgl. 10–20 Uhr, Nov., Febr. tgl. 10.30–13, 14.30–17 Uhr), einem mittelalterlichen Geschlechterturm mit schönem Ausblick über Orvieto und das Umland, geht es links zur *Piazza del Popolo*, auf der samstagvormittags ein uriger Bauernmarkt stattfindet. Der 1157 begonnene **Palazzo del Popolo** 15 mit seiner hohen Freitreppe und dem für Orvieto typischen Schachbrettmuster aus Tuffwürfeln gehört zu den stolzesten Bauten Umbriens. Er beherbergt heute ein modernes Kongresszentrum. Die Piazza bietet außerdem einen Porchetta-Stand, an dem man sich mit kaltem gewürztem Spanferkel stärken kann.

TOP TIPP

Nur wenige Besucher finden den Weg zur Bettelordenskirche **San Domenico** ⑯, von der nach dem Langhausabriss 1934 nur das Querschiff mit fünf quadratischen Chorkapellen erhalten ist. Hier lebte und lehrte einst der große dominikanische Scholastiker *Thomas von Aquin* (1225–1274), und hier sprach ein Kreuz zu ihm und lobte seine Bücher. Das ›Sprechende Kreuz‹ mit der Darstellung des schmerzverzerrten Gekreuzigten hängt heute gegenüber der Eingangswand. Als Höhepunkt mittelalterlicher Plastik gilt das von *Arnolfo di Cambio* geschaffene Grabmal des Kardinals de la Braye. Es folgt dem Typus des Katafalkgrabes, bei dem der Tote in einer Grabkammer liegt, deren Vorhänge von Diakonen beiseite geschoben werden.

Links von der Bergstation der Funicolare liegt ein frühes Technikdenkmal. TOP TIPP Der **Pozzo di San Patrizio** ⑰ (April–Sept. tgl. 10–18.45 Uhr, Okt.– März tgl. 10–17.45 Uhr) wurde 1527 auf Befehl des nach Orvieto geflohenen Medici-Papstes *Clemens VII.* 62 m tief in den Tuff gebohrt, um die Stadt bei eventuell drohenden Belagerungen mit Trinkwasser zu versorgen. Der Brunnenschacht ist mehrere Stockwerke tief durchfenstert und wird begleitet von zwei Wendeltreppen mit je 248 Stufen, die sich auf dem Brunnengrund treffen. Der unterhalb des Tuffsteinsockels liegende Teil des Schachtes musste gemauert werden. Frischluft nach dem Ausflug in die Unterwelt bietet der Park der nahen *Zitadelle* (Mauerreste).

Die Altstadt von Orvieto – größtenteils Fußgängerzone – lädt zum Bummeln ein. Im Hintergrund der Torre del Moro

Archäologisch interessant ist die am Fuße des Felsens gelegene etruskische **Necropoli Crocifisso del Tufo** ⑱, die offensichtlich Prominenten aus der gesamten etruskischen Welt als letzte Ruhetätte diente. Schlusssteine, sog. *Cippi*, die bei Männern zapfen-, bei Frauen zylinderförmig ausgebildet sind, markieren den oberen Abschluss der Gräber.

Einblick in die Unterwelt – der Pozzo di San Patrizio reicht 62 m tief in den Tuffsteinfels

Am Domplatz bieten sich Cafés und Restaurants für eine genussvolle Pause an

Schöne Ausflugsziele sind der esoterische Garten **Convento della Scarzuola** (Montegabbione, ca. 25 km nordöstlich von Ficulle, Tel. 07 63 83 74 63, auf Voranmeldung) mit seinen neomanieristischen Skulpturen und Architekturen sowie die Rosenzüchterei von **Walter Branchi** (Voc. Macee 37, Baschi, ca. 7 km östl. von Orvieto, Tel. 07 44 95 77 01, www.rosebranchi.com).

Praktische Hinweise

Information

IAT, Piazza del Duomo 24, Orvieto, Tel. 07 63 34 17 72, Fax 07 63 34 44 33, www.orvietoonline.com

Einkaufen

Tiberi Arte, Via dei Magoni 10–14, Orvieto, Tel. 07 63 39 33 51, www.tiberiarte.it. Galerie für moderne Kunst mit nahe gelegener Werkstatt sowie einem kleinen skulpturengeschmückten Café-Garten. Auch hochwertige Nachbildungen etruskischer Bucchero-Vasen.

Hotels

*****Duomo**, Via di Maurizio 7, Orvieto, Tel. 07 63 34 18 87, Fax 07 63 34 11 05, www.orvietohotelduomo.com. Gepflegtes Haus, in dem die geräumigen Zimmer nach Künstlern benannt sind.

*****Grand Hotel Reale**, Piazza del Popolo 25, Orvieto, Tel./Fax 07 63 34 12 47. Nicht jeder kann das Zimmer mit Empirebadewanne haben, aber jeder kann die Gemälde im Frühstückssalon bewundern.

TOP TIPP ****Casasèlita,** Strada di Porta Romana 8 (km 27,300 der SS Umbro Casentinese), Tel. 07 63 34 42 18, www.casaselita.com. Charmantes B&B im Tuffsteinhaus zu Füßen Orvietos mit Mountainbikevermietung, Gemüsegarten und Wandertipps vom Padrone.

****Agriturismo Castello di Titignano**, Via Centro 7, Loc. Titignano, 28 km östl. von Orvieto, Tel. 07 63 30 80 00, Fax 07 63 30 80 02, www.titignano.it. Das alte Kastell wurde in eine geschmackvoll eingerichtete Unterkunft mit viel Atmosphäre verwandelt. Dazu gehören Restaurant, Pool und Fattoria (Wein, Öl, Käse). Es ist Teil eines idyllischen Bilderbuchdorfes mit Blick auf den Lago di Corbara.

****Virgilio**, Piazza Duomo 5/6, Orvieto, Tel. 07 63 34 18 82. Günstige Herberge in zentraler Lage.

Restaurants

Antica Cantina, Piazza Monaldeschi 18/19, Orvieto, Tel. 07 63 34 47 46. Einfache Einrichtung mit viel Holz und karierten Tischdecken, günstige deftige Gerichte und Wein (im Winter Mi geschl.).

Cantina Foresi, Piazza del Duomo, Orvieto, Tel. 07 63 34 16 11. Der schnelle Schluck direkt am Dom. Weine aus eigenem Anbau sowie Brotzeit mit Salami und Trüffelkäse. Empfehlenswert ist auch der hochgeschätzte Öko-Orvieto *Decugnano dei Barbi*.

TOP TIPP **I Sette Consoli**, Piazza Sant'Angelo 1/A, Orvieto, Tel. 07 63 34 39 11. Feines Familienrestaurant mit Gartenplätzen, erschwinglichen Preisen und ambitionierter umbrischer Küche. Kaninchen- und Linsenspezialitäten oder Perlhuhnbrust in Vin Santo (Mi geschl.).

Vissani, Civitella del Lago–Baschi, Strada statale nach Todi (ausgeschildert), Tel./Fax 07 44 95 02 06. Die erlesene Küche des Fernsehkochpapstes Gianfranco Vissani gehört seit Jahren zur Spitzengastronomie Italiens und hält auf Umbrisches wie in Speck gewickelte Trüffel mit Saubohnen. Das Preisniveau ist entsprechend. Vorbestellung unbedingt empfohlen (Mi/Do mittags, So abends und Aug. geschl.).

Natur und Architektur im Einklang – das mittelalterliche Städtchen Todi fügt sich harmonisch in die hügelige Landschaft ein

3 Todi

Plan Seite 40

›Die lebenswerteste Stadt der Welt‹.

Eine großzügige Piazza mit wuchtigen Palazzi, Dom und Domtreppe, auf der sich in den Sommernächten die Jugend tummelt, altehrwürdige Kirchen, steile Gassen, kurzum: eine mittelalterliche Idealstadt, hoch über gewelltem Hügelland thronend. Überschaubar, ökologisch, menschlich und bürgerstolz. Ein entzückter amerikanischer Professor aus Kentucky hat Todi 1991 kurzerhand zur lebenswertesten Stadt der Welt erklärt. Die Einheimischen lassen sich den daraus resultierenden sommerlichen Tourismusboom gern gefallen, wenn sie auch manchmal über die hohen Immobilienpreise murren.

Geschichte Ein Adler, der noch heute das Stadtwappen ziert, soll das antike **Tular** gegründet haben. Der etruskische Name bedeutet Grenze, und genau dort,

Im Herzen Todis erhebt sich blockhafte Duomo S. Maria über einer breiten Freitreppe

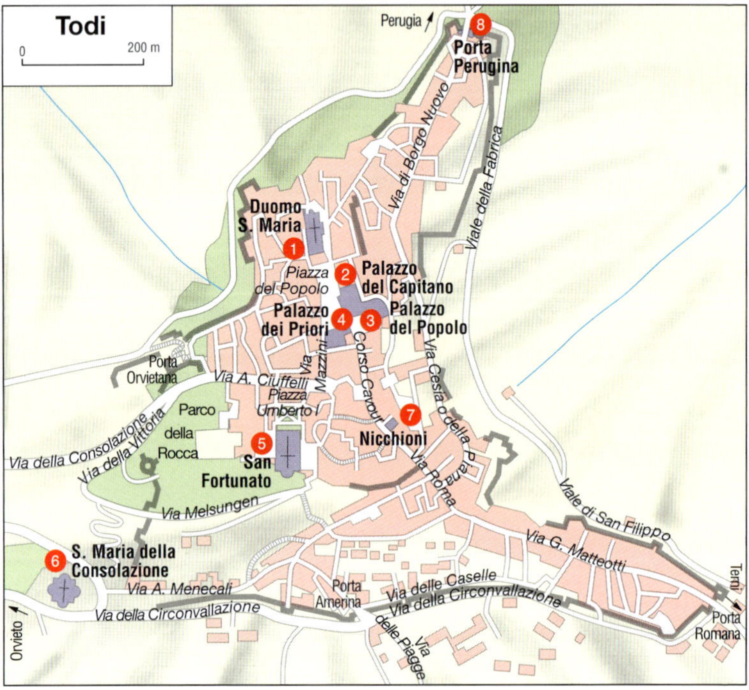

im Grenzgebiet zwischen umbrischem und etruskischem Siedlungsgebiet, lag Todi. Gegen 340 v. Chr. bemächtigte sich Rom der Stadt, die 218 v. Chr. auf römischer Seite gegen Hannibal kämpfte.

Geballte städtische Power – gleich drei imposante Kommunalpaläste demonstrieren die Stärke des mittelalterlichen Todi

Der strategisch günstigen Lage und den starken Befestigungsmauern hatte es die Stadt zu verdanken, dass die Völkerwanderung an ihr vorbeizog. Auch Friedrich II. vermochte es 1240 nicht, das guelfische Todi einzunehmen. Im Mittelalter entwickelte sich die Stadt zu einem Zentrum franziskanischer Kultur: Der Mönch *Jacopone da Todi* (1230–1306) war einer der ersten, der auch in italienischer Sprache dichtete. Unsterblich geworden ist er freilich durch seinen lateinischen Kreuzhymnus ›Stabat Mater‹.

Bereits im 14. Jh. setzte der politische und wirtschaftliche Niedergang der Stadt ein, der erst mit dem Tourismusboom der letzten Jahre ein Ende gefunden hat.

Besichtigung Die leicht ansteigende **Piazza del Popolo**, das noble Zentrum von Todi, lädt zu genussvollem Verweilen ein. Ihre obere Schmalseite wird von der über einer hohen Freitreppe aufwachsenden Domfassade eingenommen, vis-à-vis bilden festgefügte Kommunalpalazzi das Gegengewicht städtischer Machtrepräsentation. Der **Duomo S. Maria** 1 entstand im Wesentlichen im 13. Jh., doch ist die Fassade eigentlich nie richtig fertig

Bombastische Komposition – das ›Jüngste Gericht‹ (1596) im Duomo S. Maria von Todi

geworden. Dafür können Freunde romanischer Baukunst an der Apsis hübsche Details ausmachen. Das *Innere* mit dem offenen Dachstuhl war wohl ursprünglich auf Wölbung angelegt. Einen Blickfang bildet *Ferraù da Faenzas* ›Jüngstes Gericht‹ von 1596 an der Eingangswand, ein Kolossalschinken im Stile Michelangelos. In der *Navatina*, dem vierten gotischen Seitenschiffchen, hängt ein beschauliches Bild *Giannicola di Paolos*, ›Madonna mit Kind und den hll. Rochus und Katharina‹ (Anfang 16. Jh.). Ein Schiffsmodell im linken Seitenschiff erinnert an den Märtyrerpapst *Martin I.* aus Todi. Er wurde 653 vom byzantinischen Kaiser entführt und auf die Krim verschleppt.

Die drei Kommunalpaläste bilden ein interessantes Architekturensemble aus der Zeit, als Todi eine Stadtrepublik war. Der Ende des 13. Jh. errichtete **Palazzo del Capitano** 2, Sitz der Polizeibehörde, besticht durch die gotischen Prunkfenster im Piano Nobile. Eine Freitreppe führt hinauf zum benachbarten **Palazzo del Popolo** 3 (Anfang 13. Jh.). Im Palast, ein wuchtiger Block von romanischer Strenge, tagte der Stadtrat. Der Ende des 13. Jh. entstandene **Palazzo dei Priori** 4, Sitz der jeweiligen Regierung, nimmt die Schmalseite des Platzes ein. Päpstliche Gouverneure setzten dem Palast im 16. Jh. Renaissance-Fenster ein.

Rechts davon erreicht man nach wenigen Schritten die Piazza Jacopone. An der anschließenden Piazza Umberto I erhebt sich über einer bepflanzten Rampe die große Franziskanerkirche **San Fortunato** 5. Sie wurde 1292 unter Federführung des in Paris ausgebildeten Kardinals *Matteo d'Acquasparta* begonnen und zeigt Tendenzen der französischen Gotik. Detailreicher Figurenschmuck kennzeichnet die *Fassade* (1415–58), zwischen den Akanthusspiralen erkennt man die ›Stigmatisation des hl. Franziskus‹ sowie nackte Grotesken-Figuren. Das *Innere* mit seinen drei gleich hohen Schiffen offenbart sich als weite Hallenkirche. Die später eingezogenen Schwibbögen sollten die zu starke Außenneigung der Pfeiler abfangen. Die *Seitenkapellen* gehören zu den frühesten in Italien. Sie wurden von Familien finanziert, die sie dann als Grabkammern nutzten. In der 4. Kapelle auf der rechten Seite befindet sich ein Fresko ›Madonna mit Kind und zwei Engeln‹ von *Masolino da Panicale* (1432), in der 6. eine Franziskus-Vita im Stile Giottos. In der Krypta wurde neben dem hl. Fortunatus auch

Jacopone da Todi bestattet. Die Grabinschrift des 1306 verstorbenen Mystikers nennt irrtümlich das Jahr 1296.

Der benachbarte Park am Standort der 1503 geschleiften päpstlichen *Rocca* bietet einen schönen Blick auf die Kuppel der Renaissancekirche **S. Maria della Consolazione** 6. Über einen Serpentinenweg erreicht man in ca. 10 Min. das Wahrzeichen von Todi, dessen Bau 1508 unter *Cola da Caprarola* begonnen wurde. Später zog man so prominente Architekten wie *Baldassare Peruzzi*, *Antonio da Sangallo d. J.* und *Vignola* hinzu. Sie verwirklichten ein Ideal der Renaissance: den perfekten Zentralbau, wie ihn Bramante und Michelangelo ursprünglich auch für die Peterskirche in Rom vorgesehen hatten. Über quadratischem Grundriss, der durch vier Apsiden kleeblattförmig erweitert ist, erhebt sich eine mächtige Kuppel. Hier ist Antikes (Pantheon in Rom), Frühchristliches (Grabeskirche in Jerusalem) und Byzantinisches kombiniert mit dem humanistischen Streben, Architektur auf einfachste stereometrische Formen zurückzuführen, um desto reiner die harmonische Proportion als Abbild der göttlichen Vernunft wirken zu lassen. Nach dem grandiosen Akkord des Außenbaus wirkt der *Innenraum* bescheiden, die Kuppel kommt weit weniger zur Geltung, als man erwartet. Die Apostelstatuen (17. Jh.) in den unteren Nischen stammen aus der Schule Ippolito Scalzas.

TOP TIPP

In der Oberstadt von Todi lassen sich noch weitere Entdeckungen machen. Über den Corso Cavour erreicht man die *Via Roma* mit den **Nicchioni** 7, großen römischen Travertinnischen, die vermutlich einen Sakralbau des 1. Jh. stützten. Weiter nördlich steht der hübsche Stadtbrunnen *Fonte Scarnabecca* von 1241, und wer den langen Weg durch die Via Cesia/Borgo Nuovo nicht scheut, wird am Ende ein malerisches Stadttor, die **Porta Perugina** 8, bewundern können.

i Praktische Hinweise

Information

IAT, Piazza Umberto I 6, Todi, Tel. 07 58 94 33 95, Fax 07 58 94 24 06, www.todionline.it

Hotels

******Fonte Cesia**, Via Lorenzo Leoni 3, Todi, Tel. 07 58 94 37 37, Fax 07 58 94 46 77, www.fontecesia.it. Bestes Hotel im Zentrum, aufwendig renoviert.

******Poggio d'Asproli**, Fraz. Asproli 7, Todi, Tel./Fax 07 58 85 33 85, www.eplgrafica.org/asprolisette. Kleines von Olivenbäumen umgebenes Landgut. Mit Himmelbetten und Sauna.

S. Maria della Consolazione vor den Toren Todis – der perfekte Zentralbau, gestaltet von prominenten Architekten der Renaissance (ab 1508)

***Villa Luisa, Via Angelo Cortesi 147, Todi, Tel. 07 58 94 85 71, Fax 07 58 94 84 72, www.villaluisa.it. Idyllisches Parkhotel am Stadtrand mit schönem Garten.

Pensionata SS. Annunziata, Via S. Biagio 2, Todi, Tel. 07 58 94 22 68. Schlichte Zimmer in einem Nonnenkloster.

Restaurants

Antica Hosteria della Valle, Via Ciuffelli 19, Todi, Tel. 07 8 94 48 48. Hier kann man tudertinische Schmankerln in uriger Atmosphäre genießen: Wildtauben und hausgemachte Nudeln gleich bei San Fortunato.

Le Noci, Via Tonino 6, Grutti, Tel. 0 74 29 83 71. Gartenlokal in einem Dorf ca. 10 km nordöstlich von Todi. Spezialitäten des Familienbetriebs sind Kräuter-Pasta und Zicklein mit Balsamessig (Mi geschl.).

Umbria, Via S. Bonaventura 13, Todi, Tel. 07 58 94 27 37. Auch bei Touristen beliebtes Traditionslokal mit gemütlichem Speiseraum, offenem Kamin und Sommerpergola. Zu den Spezialitäten des Hauses gehören Crostini, Trüffel und zarte Bistecca (Di geschl.).

4 Deruta

Mekka für Keramikliebhaber.

Trotz seiner etwas ernüchternden industriellen 1950er-Jahre-Atmosphäre ist Deruta besonders für Keramikfreunde ein lohnendes Ziel. Seit 1290 werden hier Majolika und Fayencen in aufwendiger traditioneller Handarbeit gefertigt und in alle Welt exportiert. Vorbild für die heutige Produktion sind meist noch immer Renaissance- und Frühbarockmuster. Den interessantesten Einblick in dieses Kunsthandwerk vermittelt das **Museo Regionale della Ceramica** (Largo San Francesco 1, Tel. 07 59 71 10 00, www.sistemamuseo.it, April–Juni tgl. 10.30–13, 15–18 Uhr, Juli–Mitte Aug. tgl. 10–13, 15.30–19, Mitte–Sept. tgl. 10.30–13, 14–18 Uhr, Okt.– März Mi–Mo 10.30–13, 14.30–17 Uhr) an der Piazza dei Consoli im kleinen mittelalterlichen Zentrum. Gezeigt werden z. B. die *Deruteser Brautteller* aus dem 16. Jh., die als Hochzeitsgeschenke beliebt waren und noch heute Höchstpreise auf Auktionen erzielen, sowie Prunkteller mit Porträts der Auftraggeber. Außerdem finden Wechselausstellungen statt.

Echte Handarbeit – in Deruta werden Vasen und Teller mit viel Liebe zum Detail bemalt

Reich ausgestattet mit moderner religiöser Keramik ist eine der Kapellen in der zentralen Chiesa **San Francesco**. Weiterhin birgt sie Fresken der Umbrischen und Sienesischen Schule des 14./15. Jh.

Hunderte von Votivtäfelchen aus Deruta-Majolika bedecken das Innere der Chiesa **Madonna di Bagno** (ca. 3 km außerhalb, Richtung Todi, Tel. 075 97 34 55, Di–So 9.30–12.30, 15–17.30 Uhr, im Winter eingeschränkt), die zu einem Franziskanerinnenkonvent gehört. Der Überlieferung zufolge wurde die kleine Wallfahrtskirche an jener Stelle errichtet, an der ein Franziskanermönch ein zuvor gefundenes wundertätiges Madonnenbild in einer Astgabelung einer Eiche anbrachte. Die etwa 600 Keramiktäfelchen thematisieren die Wunder, die das Madonnenbild in der Folge vollbrachte.

5 Torgiano

Alles Lungarotti oder was?

Bei der Alitalia gibt es ihn, in erstklassigen italienischen Restaurants in aller Welt gibt es ihn auch: Die Rede ist vom Wein der Winzerfamilie **Lungarotti**, der führenden Cantina Umbriens. Und ihre Heimat Torgiano ist ein Paradebeispiel für cleveres umbrisches Marketing, das Traditionalismus, Stolz auf einheimische Produkte, Hochglanzwerbung und internationales Business mühelos zu kombinieren scheint. Denn wer in das verschlafene Dorf Torgiano kommt, tut es irgendwie immer wegen des Lungarotti-Imperiums. Entweder er nächtigt privat oder als Kongressteilnehmer im luxuriösen Agriturismo *Le Tre Vaselle*, tafelt im angeschlossenen Feinschmeckerrestaurant, oder er besichtigt das **Museo del Vino** (Sommer tgl. 9–13 und 15–19 Uhr, Winter tgl. 9–13 und 15–18 Uhr). Hier hat reger Sammlergeist fast alles über umbrischen Wein zusammengetragen: von antiken Tonkrügen bis zu teurer Renaissance-Keramik, von Flaschenetiketten bis zu historischen Schwarzweißfotos.

Ein idyllisches Städtchen lockt wenige Kilometer östlich: Das 353 m hoch gelegene **Bettona** wird von einer Zyklopenmauer aus Sandsteinblöcken des 4. Jh. v. Chr. umgeben. Den Besucher erwarten keine großen Sehenswürdigkeiten, dafür aber ein schöner Panoramablick über die Valle Umbra.

i Praktische Hinweise

Hotels

*******Le Tre Vaselle**, Via Garibaldi 48, Torgiano, Tel. 07 59 88 04 47, Fax 07 59 88 02 14, www.3vaselle.it. Kühlgediegen gestyltes Hotel mit gehobener umbrischer Küche sowie zwei Pools und Fitness-Angebot.

Torreburchio, Voc. Bettona, Bettona, Tel. 07 59 88 50 17, Fax 075 98 71 50, www.torreburchio.it. Country House mitten im Grünen Zimmer mit freundlichen Zimmern, Pool und *Cucina Umbra* (ab Bettona ausgeschildert).

6 Città di Castello

Abstrakte Kunst in einem mittelalterlichen Palast und in modernen Tabakhallen.

Diese Stadt im oberen Tibertal entspricht so ganz und gar nicht dem gängigen Erscheinungsbild einer mittelalterlichen umbrischen Siedlung. Città liegt behäbig, fast toskanisch in der Ebene. Hier lebt man vom Tabakanbau und paddelt abends auf dem Tiber. Touristen sind eher Mangelware. Dabei gibt es in der Heimatstadt der Hollywood-Schauspielrein Monica Bellucci (›Matrix Reloaded‹, ›The Passion of the Christ‹) zahlreiche Attraktionen. Die Renaissance-Paläste der Familie Vitelli, die ersten Werke Raffaels und eines der bedeutendsten Museen für zeitgenössische Kunst in Italien. Die Arbeiten *Alberto Burris*, eines gebürtigen Tifernaten (so werden die Einwohner genannt) und großen Meisters der *Arte Povera*, seine Stoff, Plastik- und Teercollagen, werden in riesigen, schwarzgestrichenen Tabaktrockenhallen gezeigt. Absolut faszinierendes Museumsdesign!

Geschichte Die Römer schätzten *Tifernum* wegen der Heilwasserquellen als Villenort. Während der Völkerwanderung äscherte Ostgotenkönig Totila die Siedlung ein, die bald unter neuem Namen wieder erstand. Die bewegte Geschichte der mittelalterlichen Geschlechterkämpfe wurde im 15. Jh. durch die Signoria, die Alleinherrschaft einer Familie, beendet:

Früher Zentrum der Macht, heute Zentrum des öffentlichen Lebens – die Piazza Matteotti in Città di Castello wird gesäumt von Geschäften, Cafés und Restaurants

Die *Vitelli* spickten die Stadt mit ihren Palästen und Stierwappen und arrangierten sich auch mit Cesare Borgia. Als Mäzene förderten sie Künstler wie *Raffael*, *Signorelli* und *Rosso Fiorentino*. Ab dem 19. Jh. forcierte man den Tabakanbau. Noch heute wird in Città di Castello hauptsächlich der hochwertige, aromareiche *Bright*, edelster Verschnitttabak, geerntet und verarbeitet. Doch auch mittelständische Möbel- und Modeunternehmen verschaffen den rund 38 000 Einwohnern Arbeit.

Besichtigung Die Piazza Garibaldi wird vom größten der vier Vitelli-Paläste, dem **Palazzo Vitelli a Porta Sant'Egidio** 1 (16. Jh.), beherrscht. Die Fassade entwarf ein Prominenter: *Giorgio Vasari* (1511–1574), der ›Vater der Kunstgeschichte‹, der die Biographien aller großen Renaissancemaler und -bildhauer schrieb und selbst vielseitig künstlerisch tätig war. Bei einem Spaziergang durch den Garten des Palastes stößt man auf ein kleines Lustschloss, die *Palazzina*.

Markant – ein sechseckiger Zentralbau und ein runder Campanile heben den Dom aus der Stadtsilhouette Città di Castellos heraus

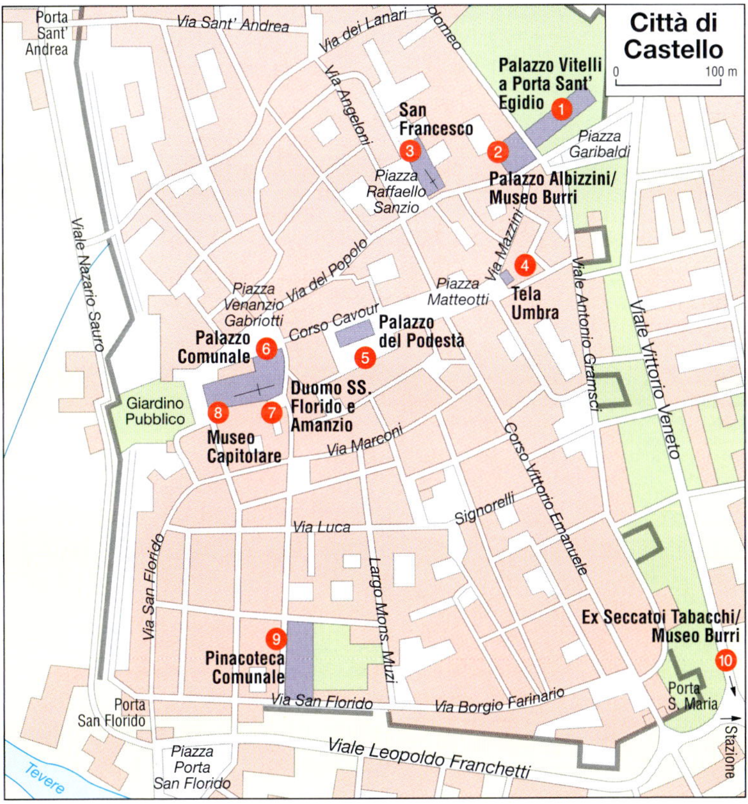

Durchblick – die Stahlskulpturen Alberto Burris sind heute auf dem Gelände der alten Tabaktrockenhallen, der Ex Seccatoi Tabacchi, von Città di Castello ausgestellt

Alberto Burri – Meister der Arte Povera

Eines vorweg. Burris Kunst ist abstrakt, konsequent abstrakt. Sie gehört zur Stilrichtung der Arte Povera oder Minimal Art. Sie ist eine Kunst der **Farben und Materialien**, und sie bringt den sinnlichen Reiz der **Wegwerfstoffe** zur Geltung. Vor allem das erlesene Farbgefühl des Künstlers lässt diese Inszenierungen zum ästhetischen Erlebnis werden. Neben Siebdrucken schuf er bevorzugt Collagen aus einfachen, oft überraschenden Materialien wie Säcken, Teer und Plastikfolien. Ein weiteres Charakteristikum von Burris Kunst ist das Serielle. Seine **Bilderreihen** mit nur geringen farblichen und kompositorischen Abwandlungen kommen durch die Hängung in den riesigen Tabakhallen, den **Ex Seccatoi Tabacchi** (s. u.) von Città di Castello besonders gut zur Geltung.

Der umbrische Autodidakt **Alberto Burri** (1915–1995), der während seiner Kriegsgefangenschaft in Texas zu malen begann, blieb auch nach der Rückkehr in seine Heimatstadt nicht im Elfenbeinturm. So schuf er z. B. das offizielle Poster der Fußball-WM 1990 in Italien.

Im benachbarten **Palazzo Albizzini** ❷ (Tel. 07 58 55 46 49, Di–Sa 9–12.30, 14.30–18 Uhr, So 10.30–12.30, 15–18 Uhr) zeigt das **Museo Burri** in 18 Sälen Teile jener Sammlung, die Alberto Burri seiner Heimatstadt vermachte: serielle Montagen aus geschmolzenen Plastiksäcken und andere Werke aus den 1940er- bis 1980er-Jahren.

Nicht weit entfernt steht an der Piazza Raffaello Sanzio die Chiesa **San Francesco** ❸ (13. Jh., Umbau 18. Jh). In ihrem Inneren befand sich einst eines der Hauptwerke *Raffaels*, das ›Verlöbnis Mariens‹. Der Besucher muss sich heute mit einer Kopie des von Napoleon in die Mailänder Brera verschleppten Originals trösten. Weiterhin sehenswert sind die 1560 angebaute *Cappella Vitelli*, die auf Pläne Giorgio Vasaris zurückgeht, und die bunte Terrakottagruppe am 1. Altar links, die die ›Stigmatisation des hl. Franziskus‹ darstellt (um 1500, Della-Robbia-Schule).

Im *Palazzo Tommasini* können die kostbaren Leinenarbeiten der **Tela Umbra** ❹ (Piazza A. Costa, Tel. 07 58 55 43 37, Di–Sa 9–13, 15.30–19.30 Uhr) besichtigt werden. Die feinste Leinenweberei der Welt wurde aus der Not geboren: 1908 beschloss die philantropische Halbamerikanerin Alice Hallgarden Franchetti, die Armut der Bevölkerung durch Arbeitsplätze für Frauen zu lindern. Die traditionell auf Handwebstühlen gefertigten Erzeugnisse genießen internationales Prestige. So speisen z. B. die Päpste auf umbrischem Leinen. Zum Geschäft gehören auch die **Laboratorio** (So–Fr 9–12 Uhr) genannte Werkstatt und die **Collezione Tessile di Tela Umbra** (Di–Sa 10–12, 15.30–17.30, So 10.30–13, 15–18 Uhr), die anhand von exquisiten Stoffen, (Wand-)Teppichen, Spitze sowie Werkzeugen und Dokumenten die Gechichte des umbrischen Weberhandwerks von der Renaissance bis in die Gegenwart dokumentiert.

Die nahe **Piazza Matteotti**, prunkvolles Zentrum des städtischen Lebens, lädt mit ihren Bars zu einer Erfrischungspause ein. Optisch wird sie dominiert von der barocken Seitenfassade des **Palazzo del Podestà** ❺. Die gotische Hauptfront des von Meister *Angelo da Orvieto* errichteten Gebäudes ist vom Corso Cavour aus zu sehen. Der Corso führt zur Piazza Venanzio Gabriotti mit dem ebenfalls gotischen **Palazzo Comunale** ❻, von dem aus noch heute die Geschicke der Stadt gelenkt werden. Auch der benachbarte **Duomo SS. Florido e Amanzio** ❼ lohnt einen Besuch. Er wurde im 11. Jh. begonnene und während der Renaissance nach florentinischen Plänen umgestaltet. Das gotische Seitenportal in der unvollendeten Barockfassade zeigt Heilige, Putti und

Tugenden. Der runde Campanile auf der rechten Seite datiert ins 13. Jh. Im *Inneren* gilt *Rosso Fiorentinos* ›Verklärung Christi‹ mit ihrem kostbar anmutenden Kolorit als ein Hauptwerk des toskanischen Manierismus. Unter den Zeugen des Wunders hat der Künstler auch einen Mohren dargestellt. Das benachbarte **Museo Capitolare** 8 (Tel. 07 58 55 47 05, April–Sept. Di–So 9.30–13, 14.30–19 Uhr, Okt.–März Di–So 10–13, 14.30–18.30 Uhr) wartet mit Prunkstücken auf: einem silbernen *Paliotto* (Altarvorsatz) des 12. Jh. mit Szenen aus dem Leben Christi und dem *Schatz von Canoscio*, einer Sammlung liturgischer Geräte aus dem 5./6. Jh.

Die Via dei Cascari führt schließlich zum *Palazzo Vitelli alla Cannoniera*, der die **Pinacoteca Comunale** 9 (Tel. 07 58 55 42 02, Di–So 10–13, 14.30–18.30 Uhr, Winter Di–So 10–12.30, 15–17.30 Uhr), die nach Perugia bedeutendste Gemäldegalerie Umbriens, beherbergt. Neben Werken *Lorenzo Ghibertis* und *Luca Signorellis* ist man besonders auf Raffaels frühestes Werk stolz, eine mit der Schöpfung Evas und Heiligenfiguren bemalte Pestfahne (*Gonfalone*). Sehenswert sind ferner die manieristischen Treppenhaus-Fresken mit musizierenden Damen, darunter eine Tuba blasende Afrikanerin.

Von hier ist es nicht weit zum Tiber, an dessen Ufern die Kanutenclubs von Città di Castello ihre Liegeplätze haben.

TOP TIPP Außerhalb der Stadtmauern beherbergen die **Ex Seccatoi Tabacchi** 10 (Via Pierucci, Tel. 07 58 55 46 49, www.fondazioneburri.org März–Mitte Nov. Di–Sa 9–12.30, 14.30–18, So 10.30–12.30 Uhr, Mitte Nov.–Febr. Sa 9–12.30, 14.30–18, So 10.30–12.30, 15–18 Uhr, sonst auf Voranmeldung) den faszinierenden zweiten Teil des **Museo Burri**: In den schwarz gestrichenen einstigen Tabaktrockenhallen kommt der serielle Charakter der Kunst Alberto Burris besonders gut zur Wirkung.

Ausflug

Ein interessanter Abstecher führt von Città di Castello in die an der toskanischen Grenze gelegene skurrile Republik **Cospaia**. Ein ungenau formulierter Grenzvertrag zwischen dem Kirchenstaat und Florenz ermöglichte 1440 die Gründung eines *Miniaturstaates*. Die Grenze zwischen den beiden Machtbereichen sollte ein Graben sein, doch da es deren zwei gab, erklärte man kurzerhand das dazwischen liegende Territorium für unabhängig. Als Schmugglerparadies bestand die mickrige Republik Cospaia bis 1826. Immerhin: Hier wurde 1575 zum ersten Mal in Italien Tabak kultiviert.

i Praktische Hinweise

Information

IAT, Via Sant' Antonio 1, Città di Castello, Tel. 07 58 55 49 22, Fax 07 58 55 21 00, www.cittadicastellonline.it

Hotels

******Tiferno**, Piazza Raffaello Sanzio 13, Città di Castello, Tel. 07 58 55 03 31, Fax 07 58 52 11 96, www.hoteltiferno.it. Das modernisierte Traditionshotel (seit 1895) bietet eine freundliche Atmosphäre und ambitionierte umbrische Küche.

****Umbria**, Via dei Galanti, Città di Castello, Tel. 07 58 55 49 25, Fax 07 58 52 09 11. Günstiges, aber nüchternes Hotel. Hier kocht die Mamma.

Restaurants

Locchi, Via del Popolo 5, Città di Castello, Tel. 07 58 55 49 28. Eine tifernatische Institution am Markt, die den Geldbeutel schont. Nicht nur für sein gegrilltes Huhn berühmt (Mo geschl.).

Trattoria Lea, Via San Florido 38, Città di Castello, Tel. 07 58 52 16 78. Freundliche Traditions-Trattoria mit vorzüglicher Bistecca und guter Pasta mit Pilzen (Mo geschl.).

Erntezeit – schon seit Ende des 16. Jh. wird die Tabakpflanze in Città di Castello und Umgebung angebaut

Il Trasimeno – idyllische Inseln und malerische Uferstädtchen

Eine weich geschwungene Hügellandschaft, silberglänzende Olivenhaine, bescheidene Badeetablissements im Stil der 1960er-Jahre und kleine Städtchen: Der an der Grenze zur Toskana gelegene **Lago Trasimeno** ist eines der großen Camperparadiese Italiens und im Sommer fest in deutscher Hand. Trotz der Haupteinnahmequelle Tourismus geht das Leben hier noch seinen beschaulichen Gang. Naturfreunde, Fahrradfahrer, Hobbyangler oder Wanderer kommen bei Streifzügen entlang der schilfreichen Ufer ebenso auf ihre Kosten wie Kunstfreunde bei Stadterkundungen: Unweit des Trasimenischen Sees, in **Panicale** und in **Città della Pieve**, locken Meisterwerke des bedeutendsten umbrischen Malers Perugino.

7 Lago Trasimeno

Plan Seite 50

Camperidyll und Naturreservat im Herzen Italiens.

Wäre es nach Caesar oder Napoleon gegangen, würde es eine der größten touristischen Attraktionen Umbriens gar nicht geben. Denn beide planten, den drittgrößten See Italiens trockenzulegen, um Ackerland zu gewinnen. Lediglich die Voralpenseen (Gardasee, Comersee, Lago Maggiore) übertreffen den Trasimenischen See an Ausdehnung. Seine Fläche beträgt 128 km^2, sein Umfang 45 km, seine (schwankende) größte Tiefe aber nur 6 m. Durch tektonische Senkung der Erdkruste entstanden, wird er meist nur in den Wintermonaten durch Bäche gespeist. Schon die Römer gruben einen dann im Jahr 1421 von Braccio di Fortebraccio und 1602 von Papst Clemens VIII. instand gesetzten Ablaufkanal, um Überschwemmungen vorzubeugen. In strengen Wintern kann der Trasimeno sogar zufrieren, wie dies z. B. 1922 geschah.

Trotz des großen Touristenansturms und der gutausgebauten Wanderwege sind Ufer und See ein einzigartiges Biotop geblieben, das als *Naturreservat* unter besonderem Schutz steht. Im Uferröhricht nisten u. a. Kormorane, Beutelmeisen und Eisvögel. Der *Fischfang* wird teilweise noch mit traditionellen Methoden betrieben. Königskarpfen, Hechte, Schleien und Aale stehen auf den Speisekarten der Trattorien rund um den See.

Wirklich stehen geblieben ist die Zeit auf den drei Inseln. Die kleinste, die **Isola Minore**, ist als Vogelschutzgebiet für Besucher gesperrt. Regelmäßig hingegen verkehren Linienboote von *Tuoro* und *Passignano* aus zur **Isola Maggiore** mit ihrem malerischen Fischerdörfchen. Die ganze Insel steht unter Denkmalschutz, behutsam von der Region Umbrien verwaltet: Vor den Fischerhäusern aus dem 15. Jh. trocknen die *Tofi* genannten Fischreusen, noch immer klöppeln die Frauen abends hochwertige Spitze. Spaziergänge führen zur romanischen Kirche *San Salvatore*, die einen Flügelaltar ›Madonna mit Kind‹ des Sienesen *Sano di Pietro* (um 1480) besitzt. Die *Villa Isabella*, ein umgebautes Kloster mit verwildertem Park, befindet sich in Privatbesitz. Auch die Isola Maggiore war franziskanischer Schauplatz. 42 Tage soll der hl. Franziskus im Jahre 1211 auf der damals unbesiedelten Insel so inbrünstig gebetet haben, dass er von zwei mitgenommenen Brotlaiben nur einen halben verzehrte. Ganz anders ist die Situation heute – denn die Insel wird eher aus kulinarischen Gründen angesteuert. Vor allem italienische Wochenendtouristen schwören auf die Karpfenkaviarspaghetti des Inselalbergos *Da Sauro*.

◁ Ob Baden im See oder Spazierengehen an den schilfreichen Ufern, am Lago Trasimeno ist Erholung pur angesagt

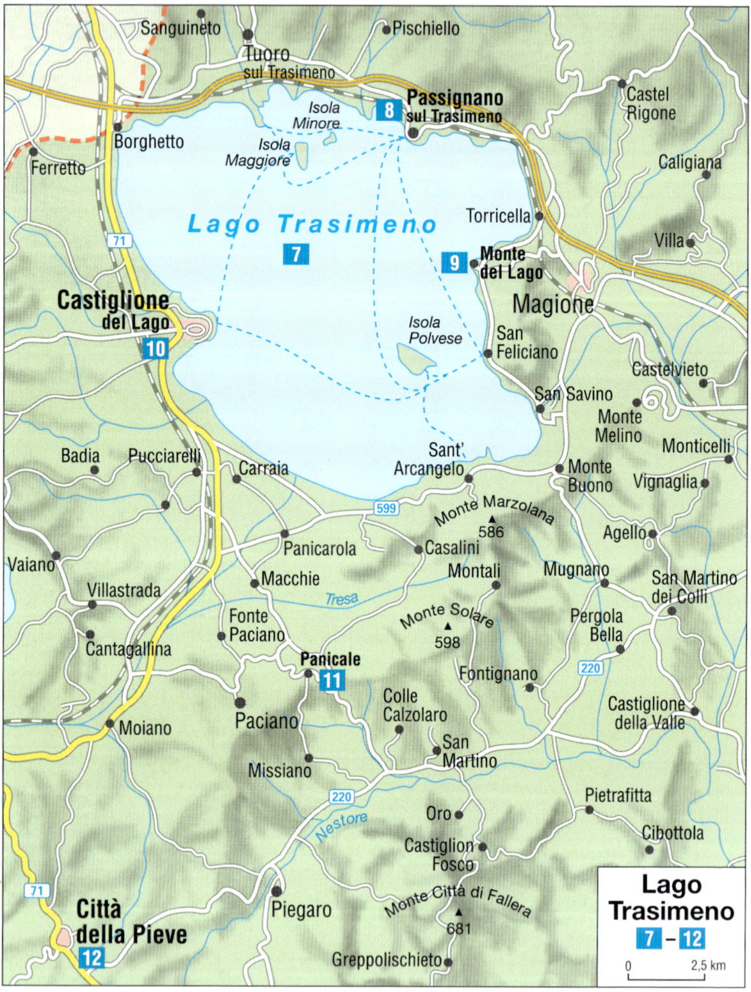

Einsamer geht es auf der unbewohnten, mit Pappeln und Ölbäumen bestandenen **Isola Polvese** zu. Diese größte Insel des Sees ist mit der Fähre von *San Feliciano* aus gut zu erreichen. Die Provinz Perugia betreibt hier in einer Villa das Umwelt-Studienzentrum *Ambiente come Alfabeto* (Tel. 07 55 74 70 23) mit Naturlehrpfaden, die besichtigt werden können. In den Sommermonaten gibt es hier auch ein Restaurant.

i Praktische Hinweise

Hotel

***Da Sauro**, Via Guglielmi 1, Isola Maggiore, Tel. 075 82 61 68, Fax 075 82 51 30. Albergo mit zwölf Zimmern und ein beliebtes Ausflugslokal mit Plätzen im Freien. Spezialitäten sind Antipasti mit frischem Fisch, *Spaghetti alle uova di carpa* (mit Karpfenrogen) und fangfrischer *Pesce di lago*. Informativ: Schwarz-Weiß-Fotos von der Eisdecke des Sees im Jahre 1922.

8 Passignano sul Trasimeno

Malerischer Ferienort mit modernem Jachthafen.

Das kleine, auf einem vorgelagerten Hügel am Seeufer gelegene Passignano bietet sich dank seiner Hotels und Campingplätze für einen längeren Aufenthalt am Lago Trasimeno an. Anziehungspunkte für die zahlreichen italienischen und ausländischen Touristen sind die moderne Uferpromenade mit ihren Cafés und Geschäften sowie der schicke Jachthafen. Ganz in der Nähe des Seeufers ragt eine moderne *Fliegerskulptur* aus dem Wasser und erinnert daran, dass Passignano seit 1922 Sitz einer Flugzeugwerft ist. Die kleine mittelalterliche Oberstadt wird von einem verfallenen **Castello** bekrönt. Der Blick von hier oben reicht weit über den Trasimenischen See.

Besonders lohnt ein Besuch in Passignano am letzten Sonntag im Juli, wenn die Stadtviertel beim **Palio delle Barche**, einem Bootsrennen zu Wasser und zu Lande, ihre Kräfte messen. Der zählt zu den größten und beliebtesten Volksfesten rund um den See.

Ausflug

Von Passignano aus bietet sich ein Abstecher nach **Castel Rigone** an. Auf 653 m Höhe gelegen, gewährt es eine grandiose Sicht auf den Trasimenischen See. Wer sich für rustikale Bauernkeramik interessiert, wird in den Werkstätten und Verkaufsläden des kleinen Bergstädtchens schöne Stücke finden. Am Ortsrand überrascht die Renaissancekirche *Madonna di Miracoli* durch ein 1512 skulptiertes Portal. Über dem Eingang zeigt ein Lünettenrelief eine ›Madonna mit Kind und Heiligen‹. Der Campanile stammt aus dem 19. Jh.

i Praktische Hinweise

Hotels

***Kursaal**, Via Europa 1, Passignano, Tel. 075 82 80 85, Fax 075 82 71 82, www.kursaalhotel.net. Modernisiertes Haus mit Speiseterrasse und Privatstrand im Pinienpark.

***Florida**, Via 2 Giugno 2, Passignano, Tel. 075 827228. Nettes Hotel mit Garten und Pizzeria nahe der Altstadt.

Villa La Rogaia, Via Campagna 17, Passignano, Tel./Fax 075 84 54 57, www.rogaia.de. Schön gelegenes Landhaus mit Zimmern, Ferienwohnungen und Pool sowie Kursangebot (Kochen, Malen, Bildhauerei, Tango etc.).

Restaurant

Locanda del Galluzzo, Loc. Trecine Castel Rigone, Passignano, Tel. 075 84 53 52. Spezialitäten dieses Lokals sind Gnocchi mit Gänse-Sugo, Pecorino-Walnuss-Salat und Lammherz (Di und mittags – außer So – geschl.).

9 Monte del Lago

Hier vergnügte sich im 19. Jh. der bayerische König Ludwig I. mit seiner umbrischen Geliebten Marchesa Fiorenzi.

Monte del Lago mit seinen malerischen steilen Treppenwegen und Blumenrabat-

Hübsch rund – Passignano sul Trasimeno liegt mit seinem kleinen mittelalterlichen Centro Storico auf einer Landzunge im See

Der Bayernkönig und die umbrische Philosophin

Beim Karneval in Rom sah **Ludwig I.** die umbrische **Marchesa Luisa Fiorenzi** und entbrannte sofort in Leidenschaft zu ihr. Der König, ein großer Kenner weiblicher Schönheit, blieb der klugen Frau, die u. a. die Schriften des Philosophen Friedrich Wilhelm Joseph von Schelling ins Italienische übersetzte, ein Leben lang ergeben. Er nahm sie als einzige Italienerin in seine **Nymphenburger Schönheitengalerie** auf. Die beiden schrieben einander 6000 Briefe, die von Passion bis Seelenfreundschaft reichen. Zu einer längeren Verbindung kam es aus nahe liegenden Gründen jedoch nicht, und die Perusina filosofa vermählte sich in zweiter Ehe mit einem Lord Waddington. Das tat der Freundschaft zu Ludwig I. jedoch keinen Abbruch, auch nach seiner Absetzung 1848 besuchte der Monarch Luisa Fiorenzi regelmäßig.

ten liegt auf einem Felsvorsprung direkt über dem Ostufer des Sees. Bei einem Spaziergang durch die autofreie Altstadt geben die verwinkelten Gassen immer wieder faszinierende Blicke auf den Lago Trasimeno frei. Hauptsehenswürdigkeit des Ortes ist die **Chiesa Sant'Andrea**, die Fresken der Sienesischen Schule des 15. Jh. bewahrt.

Der Tourismus begann hier bereits 1823, als sich der bayerische *König Ludwig I.* mit seiner umbrischen Geliebten *Marchesa Luisa Fiorenzi* einquartierte. Und in der Villa Palombara trafen sich die Starkomponisten der italienischen Verismo-Oper. *Giacomo Puccini* etwa demonstrierte seinen Kollegen *Umberto Giordano* und *Pietro Mascagni*, wie man waidgerecht Wildenten schießt.

Ausflüge

Hauptattraktion des wenige Kilometer landeinwärts gelegenen Industriestädtchens **Magione** ist das *Castello dei Cavalieri di Malta*. Das Hospiz, das Pilgerreisenden nach Rom als Zwischenstation diente, wurde im 15. Jh. zur stark befestigten Burganlage ausgebaut.

Wer sich über die traditionellen Fangmethoden der Fischer vom Trasimeno und über das ökologische System des Sees informieren möchte, sollte dem Hauptfischerort **San Feliciano** einen Besuch abstatten. Hier ist durch großes Engagement der Fischer das *Museo della Pesca* (Tel. 07 58 47 92 61, www.museodellapesca.it, April–Sept. Di–So 10–12.30, 15–18 Uhr, Juli/Aug. tgl. 10.30–13, 16–19 Uhr, im Winter eingeschränkt) entstanden. Das klei-

Königliches Liebesnest – in Monte del Lago traf sich der bayerische König Ludwig I. mit seiner umbrischen Geliebten, der Marchesa Luisa Fiorenzi

Castiglione del Lago, die größte Stadt am Trasimenischen See, erhebt sich als sanfte Silhouette über seinem Spiegelbild. Wahrzeichen ist die Rocca Leone

ne Fischereimuseum dokumentiert Geschichte und Techniken des Fischfangs am Lago Trasimeno.

Die Vogelwelt des Sees, etwa die seltenen Bartmeisen und Seidenreiher, kann man wenige Kilometer südlich von San Feliciano bei **San Savino** beobachten. Im Naturschutzgebiet *Oasi Naturalistica La Valle* (Tel. 07 58 47 60 07, Okt.–Mai Di–So 9–13, 15–18 Uhr, Juni–Sept. tgl. 9–13, 16–20 Uhr) mit Dokumentationszentrum werden auch (Boots-)Führungen angeboten.

i Praktische Hinweise

Hotels

*****Residence Ali sul Lago**, Lungolago Nord, San Feliciano, Tel. 07 58 47 92 46, Fax 07 58 47 92 52, www.alilago.it. Zentral gelegener Hotel- und Apartmentkomplex mit Mountainbikeverleih.

****Dolce Agogia**, Via Case Sparse 90, Agello (Magione), Tel. 07 55 29 30 77, Mobil 33 58 35 20 54. Die deutsch-umbrische Familie Trentini vermietet ein hübsches Apartment auf ihrem Landgut 5 km östlich vom Lago Trasimeno.

Restaurant

Trattoria Rosso di Sera, Via Papini F. 79, S. Feliciano, Tel. 07 58 47 62 77. Lokale Fischgerichte und vorzügliche Weine auf der Seeterrasse.

Camping

Villaggio Cerquestra, Monte del Lago, Tel. 07 58 40 01 00, Fax 07 58 40 04 09, www.campingcerquesta.it. Direkt am Seeufer gelegener Platz mit Swimmingpool und Beachvolleyball-Feldern. Als besondere Attraktion werden Nachtkreuzfahrten angeboten.

10 Castiglione del Lago

Plan Seite 50

Sehenswerte Altstadt auf einer Landzunge am Westufer des Sees.

Castiglione del Lago, mit fast 14000 Einwohnern der größte Ort am Trasimenischen See, thront weithin sichtbar auf einer befestigten Landzunge aus Kalkstein am Westufer. 1550 wurde Castiglione von Papst Julius III. der Adelsfamilie *Della Corgna*, die mehrere Seefahrer hervorgebracht hat, zugesprochen. 1643 trat die Sippe den Ort an das Großherzogtum Toskana ab.

Wahrzeichen ist die von Olivenhainen umgebene Festung **Rocca del Leone** (Löwenburg), die von einem 39 m hohen Bergfried überragt wird. Der benachbarte **Palazzo della Corgna** beherbergt heute das *Municipio* (Rathaus), ist aber gleichwohl zusammen mit der Rocca zu

Fantasieschöpfung – eine von 27 modernen Skulpturen auf dem Sonnenfeld Campo del Sole in Tuoro sul Trasimeno

besichtigen (beide April–Okt. tgl. 10–13 und 15/16–19/20 Uhr, Nov.–März Fr–So 9.30–16.30 Uhr). Manieristische Fresken von *Pomarancio* und seiner Schule erzählen u. a. von der Seeschlacht von Lepanto, an der Ascanio della Corgna teilnahm. Reizvoll ist der Rundgang auf den gut erhaltenen Bastionen der Rocca mit schönem Ausblick auf den See. Ganz in der Nähe der Piazza Mazzini birgt die **Chiesa della Maddalena** ein Hauptaltarbild im Stile des jungen Raffael: Eusebio da San Giorgio schuf die ›Madonna mit Kind und den hll. Antonius, Abbas und Magdalena‹ im Jahre 1500.

Ausflüge

Nördlich von Castiglione, nahe **Borghetto**, verlief einst die Staatsgrenze zwischen Kirchenstaat und Toskana. Im folgenden Uferabschnitt befindet sich das Feld, auf dem *Hannibal* 217 v.Chr. gegen die Römer eine der berühmtesten Schlachten der Militärgeschichte gewann. Der Flurname **Sanguineto** (*sangue* = Blut) erinnert noch heute an das blutige Gemetzel. Antikenfreunde sollten sich das *Centro di Documentazione permanente sulla Battaglia del Trasimeno ed Annibale* (Tel. 075 82 61 12, Mo–Sa 9–12, 15–18, So 9–12 Uhr) bei **Tuoro sul Trasimeno** nicht entgehen lassen. Von hier führt ein 4 km langer Lehrpfad zu den einzelnen Stationen der Schlacht und zu den Brandgruben für die Gefallenen.

Tuoro selbst, eher gesichtslos zersiedelt, wird meist nur als Fährhafen zu den Seeinseln angesteuert. Direkt am Strandbad, bei der *Punta Navaccia*, haben 1985–89 Künstler aus aller Welt auf dem Sonnenfeld **Campo del Sole** 27 urtümliche Säulenskulpturen aufgestellt, die an indianische Totempfahle erinnern. Sie sind in Form einer Spirale um einen Tisch mit Sonnensymbol angeordnet.

i Praktische Hinweise

Information

IAT del Trasimeno, Piazza Mazzini 10, Castiglione, Tel. 07 59 65 24 84, Fax 07 59 65 27 63

Hotels

Country House Monteluce, Loc. Porto, Castiglione, Tel. 075 95 62 68, Fax 075 95 63 11, www.countryhousemonteluce.com. Pension mit 16 Zimmern in einem früheren Herrensitz, später Waisen-

Hannibal ante portas

Im Zweiten Punischen Krieg marschierte Hannibal nach der Alpenüberquerung in Richtung Rom. Am Morgen des 24. Juni 217 v. Chr. lockte er das römische Heer unter Gaius Flaminius in der Ebene am Nordufer des Trasimenischen Sees in eine tödliche Falle. Im Schutz des Frühnebels besetzten die Karthager unbemerkt die Hügel, die die Ebene auf drei Seiten abschlossen, sodass es für die Römer kein Entrinnen gab. 15 000 römische Soldaten sollen bei der blutigen Schlacht den Tod gefunden haben. Livius berichtet: »... manche trieb die panische Furcht sogar dazu, schwimmend fliehen zu wollen (...) dort wurden sie von den feindlichen Reitern, die ins Wasser geritten waren, restlos niedergemacht. (...) Schließlich teilte die warme Sonne den Nebel. Da zeigten Berge und Felder in hellem Licht die verlorene Schlacht mit dem gräßlich niedergemachten römischen Heer.«

Wehrhaft – im kleinen Panicale sind die mittelalterlichen Häuser konzentrisch um den höchsten Punkt angeordnet

haus. Das Landgut mit Eichenallee liegt ca. 10 km westlich des Trasimeno.

La Dogana, Via Dogana 4, Tuoro, Tel. 07 58 23 01 58, Fax 07 58 23 02 52. Schon Hans Christian Andersen nächtigte hier. Geschmackvolle Apartments rund um die alte päpstliche Zollstation, die in schöner Natur oberhalb des Sees liegt. Gut geeignet für Reiterferien und Familienurlaub.

Le Quattro Stagioni, Loc. Palareto, Castiglione, Tel. 07 59 65 28 92, Fax 07 59 65 24 54. Jagen Sie Ihr Wild selbst! Grill, Wein aus eigenem Anbau und acht Betten vorhanden.

Camping

Polvese, Sant' Arcangelo di Magione, Tel. 075 84 80 78, Fax 075 84 80 50. Drei-Sterne-Campen am Südufer. Große schattige Stellplätze, Privatstrand, Tennis und Bocciabahn. Im Sommer Animation.

11 Panicale

Plan Seite 50

Der Blick von Panicale auf den Trasimenischen See begeisterte bereits vor 500 Jahren Perugino.

Das hoch über dem Trasimenischen See gelegene Panicale hat sich mit seiner komplett erhaltenen Stadtmauer und den Festungstürmen bis heute den Charakter eines mittelalterlichen Borgo bewahrt. Die Anordnung der Häuser in konzentrischen Ringen um den **Palazzo del**

Im ›Land der Maler‹ entdeckt man in der tiefsten Provinz Meisterwerke: Perugino in der Cappella San Sebastiano in Panicale

Podestà (14. Jh.), den höchsten Punkt von Panicale, verstärkt den Eindruck einer geschlossenen Stadtanlage. Zentrum ist die *Piazza Umberto* mit dem wappenverzierten Palazzo Pretorio und einem schönen Stadtbrunnen. Auf der nahen Piazza San Michele erhebt sich die Kirche **San Michele**. Sie birgt eine ›Anbetung der Hirten‹ von Giovanni Battista Caporali. Am Ortsrand, in der **Cappella San Sebastiano**, lockt eines der bedeutendsten Gemälde *Peruginos*, das 1505 entstandene ›Martyrium des hl. Sebastian‹. Wie dynamische Ballettänzer umschwirren vier Schergen, Armbrüste spannend, den nackten Heiligen. Im Bildhintergrund geben Arkaden den Blick frei auf ein Landschaftsporträt des Trasimenischen Sees.

In den Hainen rund um Panicale wird ein besonders edles Olivenöl produziert.

Ausflüge

Die Umgebung von Panicale bietet sich für einige reizvolle Spazierfahrten an. In **Piegaro** ist die uralte Tradition der Flaschenbläserei noch immer lebendig, hier werden riesige *Damigiani* (Ballonflaschen) für größere Weingebinde erzeugt.

Im verträumten **Paciano** mit dem herrlichen Trasimeno-Blick kommen Freunde mittelalterlicher Festungsarchitektur voll auf ihre Kosten. Der Mauerring des 14. Jh. sieht noch immer aus wie die Idealstädtchen auf den Fresken der Umbrischen Schule. Ein Tipp für Gourmets: Anfang Dezember wird hier die Olivenernte mit einem urwüchsigen Tavernenfest gefeiert.

i Praktische Hinweise

Unterkünfte

La Fiorita, Loc. Soderi 1, Panicale, Tel. 07 58 35 00 29, Fax 07 58 35 00 25. Im Agriturismo von Ferruccio Lamborghini können Traktor- und Autofans einen leibhaftigen Lamborghini bestaunen. Nach dem Golfen stärkt man sich am Pool mit einem Glas hauseigenem roten *Sangre di Miura*.

La Querciolana, Via Vieniche 4, Panicale, Tel. 0 75 83 74 77. Pension auf einem Weingut mit Pool und Hochzeitskapelle.

Piazzola, Fraz. Macereto, Piegaro, Tel. 07 58 35 84 55, Fax 07 58 35 96 21. Zwei Häuser mit Zimmern und Apartments in einem großen Park. Hier sind auch Kinder willkommen.

Restaurant

Locanda della Rocca, Viale Roma 4, Tel. 0 75 83 02 36, Paciano. Gourmets reisen von weither an, um in diesem kleinen umbrischen Städtchen Zucchinipudding, Wildtauben, Schafsricotta mit warmen Honig und vieles mehr zu genießen. Wer eines der sieben Locandazimmer ergattern will, braucht allerdings einiges Glück bzw. sollte frühzeitig reservieren (Restaurant Di geschl.).

Osteria Umbra, Via Pievaiola 81, Loc. Acquaiola, Piegaro, Tel. 0 75 83 23 51, Fax 07 58 35 52 09. Preiswertes Landgasthaus mit sieben Zimmern und solider Küche.

Stadt der Türme – Città della Pieve ist der Geburtsort des großen Malers Perugino und die Kirchen bergen einige seiner schönsten Werke

Meisterhafte Hinterlassenschaft – im Oratorio di S. Maria dei Bianchi in Città della Pieve schuf Perugino die ›Anbetung der Könige‹ (1504)

12 Città della Pieve

Plan Seite 50

Geburtsort des berühmtesten umbrischen Malers Pietro Vannucci, besser bekannt als Perugino.

An Città della Pieve nahe der Grenze zur Toskana ziehen die Touristenströme meist vorbei. Dabei ist das saubere Hügelstädtchen über dem Chiani-Fluss ein ausgesprochener Genuss für Kunstliebhaber. Denn **Perugino** (eigentl. Pietro Vannucci, s. S. 23), der berühmteste umbrische Maler, hat in seiner Heimatstadt zahlreiche Bilder hinterlassen.

Gleich auf dem Corso, der nach dem Künstler benannten Via Pietro Vannucci, lockt im **Oratorio di S. Maria dei Bianchi** (Mai–Okt. Fr–So 10.30–12.30, 16.30–18.30 Uhr) eines seiner schönsten Werke, die 1504 geschaffene ›Anbetung der Könige‹ (*Epifania*). Die symmetrische Komposition ist von gelungener Ausgewogenheit, die Farbigkeit der Gewänder edel und vielfältig, die Zeichnung der Gesichter abwechslungsreich und miniaturhaft fein. Folgt man dem Corso, gelangt man zum romanischen **Duomo**, der im 16. Jh. weitgehend erneuert und mit dem markanten Stadtturm *Torre del Pubblico* verbunden wurde. Für den Dom hat Perugino das Hochaltarbild mit den Stadtpatronen SS. Gervasio e Protasio und eine ›Taufe Christi‹ geschaffen. Die Stelle seines Geburtshauses, der *Casa Natale*, auf der benachbarten Piazza Plebiscito ist durch eine Gedenktafel geschmückt.

Gotische Freskenmalerei kann man schließlich in der außerhalb der Stadtmauern gelegenen **Chiesa San Francesco** bewundern. Das ausdrucksstarke Kreuzigungsbild ›Das Weinen der Engel‹ stammt von einem sienesischen Künstler des 14. Jh. Als weltliches Kontrastprogramm kann man später noch den finsteren *Vicolo Baciadonne* aufsuchen, mit einer Breite zwischen 50 bis 60 cm die wohl engste Gasse Italiens.

i Praktische Hinweise

Unterkünfte

****Vannucci**, Via Icilio 1, Città della Pieve, Tel. 05 78 29 95 72 Erstes und einziges Hotel am Platz, mit Restaurant und Garten.

Oasi Virginia Centurione Bracelli, Via Vannucci 42, Città della Pieve, Tel./Fax 05 78 29 80 45. Komfortables religiöses Gästehaus. Voranmeldung erwünscht.

Restaurant

TOP TIPP **Osteria del Duca**, Via Po' di Mezzo, Città delle Pieve, Tel. 05 78 29 98 66. Köstliche umbrische Traditionsküche im Palazzo della Corgna: Bruschetta mit Wildschweinsalami, gegrillter Schafskäse, Kichererbsenkastaniensuppe.

Assisi – Heimat des heiligen Franziskus

Keine Stadt Italiens ist derart klerikal geprägt wie der Geburtsort des hl. Franziskus. Assisi ist ein umbrisches Kleinod, in dem Idealvorstellungen einer beschaulichen Einheit von Glauben, Natur und Kunst wahr werden. Hier gibt es Gotteshäuser vom Bilder- und Glasfensterprunk der Oberkirche von **San Francesco** oder der barocken Grandezza von **S. Maria degli Angeli** unten in der Ebene bis zu einfachsten Feldkapellen und den Bergklausen des **Eremo delle Carceri**. Und immer wieder lädt die Umgebung der Stadt ein zu einsamen Spaziergängen in franziskanischer Natur durch Olivenhaine und die Steineichenwälder des *Monte Subasio*, auf denen man der religiösen Aura dieses magischen Stücks Umbrien näher kommt.

13 Assisi

Plan Seite 60/61

Zwei prunkvolle Kirchen voller herrlicher Bildergeschichten für den Orden der Armen und Bedürftigen.

Die Schäden, die die Erdstöße 1997 an der Oberkirche der *Basilica San Francesco* angerichtet hatten, waren gewaltig. Die Spezialisten machten sich sofort ans Werk, das mikroskopische Puzzle aus farbigen Partikeln der Freskenreste Giottos und Cimabues wieder zusammenzusetzen. Pünktlich zum Heiligen Jahr 2000 war die Restaurierung zumindest soweit gediehen, dass die Oberkirche den Besuchern wieder zugänglich gemacht werden konnte. Seit dem Jahr 2002 sind die Arbeiten bis auf einige wenige Details abgeschlossen.

Die Grabeskirche des hl. Franziskus ist unbestritten ein Weltwunder des Mittelalters. Doch Assisi hat mehr zu bieten. Die **Stadt** selbst mit ihren mittelalterlichen Häusern aus rohem Stein sowie den engen Gassen und Treppenwegen bildet eines der schönsten Ensembles Umbriens. Hinzu kommt die einladende *Piazza del Comune* mit dem Minerva-Tempel, der schon Goethe entzückte. Und schließlich das gewisse klerikale Flair: In keiner anderen Stadt Italiens, nicht einmal in Rom,

Weltkulturerbe – die Basilica San Franceso in Assisi, Grabeskirche des hl. Franziskus, ist ein Pilgerziel für Gläubige und Kunstliebhaber ▷

prägen so sehr die geistliche Tracht und ihre Träger das Straßenbild.

Geschichte Als römisches Municipium erlebte das aus einer umbrischen Siedlung hervorgegangene **Asisium** ab 89 v. Chr. eine erste Blüte. Der aus dieser Zeit stammende Minerva-Tempel, im 16. Jh. in die Kirche S. Maria sopra Minerva umgewandelt, zählt zu den besterhaltenen römischen Zeugnissen Umbriens. Um 50 v. Chr. wurde hier wahrscheinlich Sextus Propertius (Properz) geboren, einer der begnadetsten Liebesdichter aller Zeiten.

238 n. Chr. ließen die Bewohner *Rufinus*, den ersten Bischof Assisis, hinrichten. Später ernannte man ihn zum Stadtpatron. Im 6. Jh. wurde die Stadt zunächst von den Goten, im 8. Jh. dann von den Langobarden erobert.

Im 11. Jh. schließlich gelang der Aufstieg zur **freien Kommune**. *Friedrich Barbarossa* war Gast in Assisi und ließ die Rocca erbauen, auf der sein Enkel *Friedrich II.* seine ersten Lebensjahre verbrachte. Als ghibellinischer Standort lag Assisi im ständigen Streit mit dem guelfischen Perugia. In diese bewegte Epoche fiel auch die Geburt des *hl. Franziskus* (1182) und der *hl. Klara* (1193). Franziskus widmete sich den Armen und Kranken und gründete den Franziskanerorden, dessen Regeln 1223, also noch zu seinen Lebzeiten, von Papst Honorius III. bestätigt wurden. Klara schloss sich im Jahre 1212 Franziskus an und gründete mit seiner Hilfe den Klarissinnenorden.

Das Spätmittelalter war in Assisi weitgehend geprägt durch die Herrschaft mächtiger Condottieri wie Braccio di Fortebraccio. Um 1500 wurde der Ort zweimal kurz hintereinander durch die Baglioni von Perugia und durch Cesare Borgia geplündert. *Papst Pius II.* gelang schließ-

lich die Eingliederung Assisis in den Kirchenstaat. Der moderne Aufschwung setzte 1926 ein, pünktlich zum 700. Todestages des Heiligen. Das Stadtzentrum wurde historistisch aufbereitet und Franziskus zum *Patron Italiens* ernannt. Seither ist Assisi vor allem in den Sommermonaten ein Tourismus- und Pilgermagnet ersten Ranges, der auch auffallend viele Katholiken aus anderen Erdteilen anzieht. Im Jahr 2000 wurden Assisi, die Basilica und andere Einrichtungen des Franziskanerordens in die Liste des UNESCO Weltkulturerbes aufgenommen. 2002 traf sich Papst Johannes Paul II. in San Francesco zum interreligiösen Dialog mit islamischen Gelehrten.

Besichtigung Assisi ist eine Stadt der Massen, aber auch der Stille und Meditation. Wer den frommen Herzschlag dieses Ortes spüren will, sollte im Winter kommen, wenn Assisi strahlend über den Morgennebeln der Valle Umbra thront und nachmittags die Schwaden zum Campanile von San Francesco hochziehen.

TOP TIPP

Basilica San Francesco 1

Tel. 075 81 90 01 und 07 58 19 00 35, www.sanfrancescoassisi.org
Unterkirche: Ostern–Nov. Mo–Sa 6.30–18.50, So 6.30–19.15 Uhr, sonst tgl. 6.30–18 Uhr
Oberkirche: Ostern–Nov. Mo–Sa 8.30–18.50, So 8.30–19.15 Uhr, sonst tgl. 8.30–18 Uhr

Die ›Enkel des hl. Franziskus‹ prägen noch heute das Erscheinungsbild von Assisi

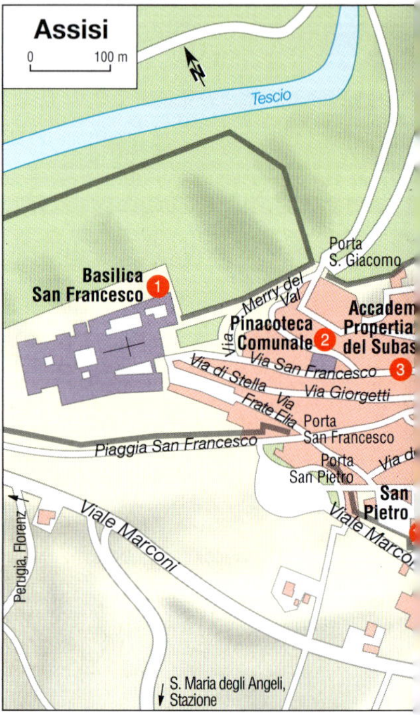

Der hl. Franziskus starb 1226. Zwei Jahre später, einen Tag nach seiner Heiligsprechung, legte *Papst Gregor IX.* persönlich den Grundstein für die aufwendigste Heiligenkirche Italiens. Als Baugrund wählte man den symbolträchtigen Galgenplatz am Stadtrand (mit deutlichen Parallelen zum Christusgrab in Jerusalem), der mithilfe riesiger Stützmauern zu einer tragfähigen Terrasse erweitert wurde. Unter der Bauleitung des Ordensgenerals *Fra Elia* gestaltete sich San Francesco zu einem Prestigeobjekt, bei dem die führenden Künstler Italiens mitwirkten. In ihren Fresken hat sich damals die Loslösung der mittelalterlichen italienischen Malerei von byzantinischen Vorbildern und hin zu eigenständigen Darstellungsweisen vollzogen. Architektonisch spiegelt San Francesco die universale Weite des Franziskanerordens wider. Man nahm Zugriff auf das gesamte Spektrum christlicher Baukunst. Die romanische Unterkirche mit dem Grab des Heiligen verrät den Einfluss frühchristlicher Grabbauten und Mönchskirchen Armeniens und Syriens. Die 1253 geweihte Oberkirche hingegen wendet sich – bis auf die altmodisch-umbrische Fassade – dezidiert dem Einfluss der französischen Hochgotik zu: Vorbild war die *Sainte-Chapelle* in Paris.

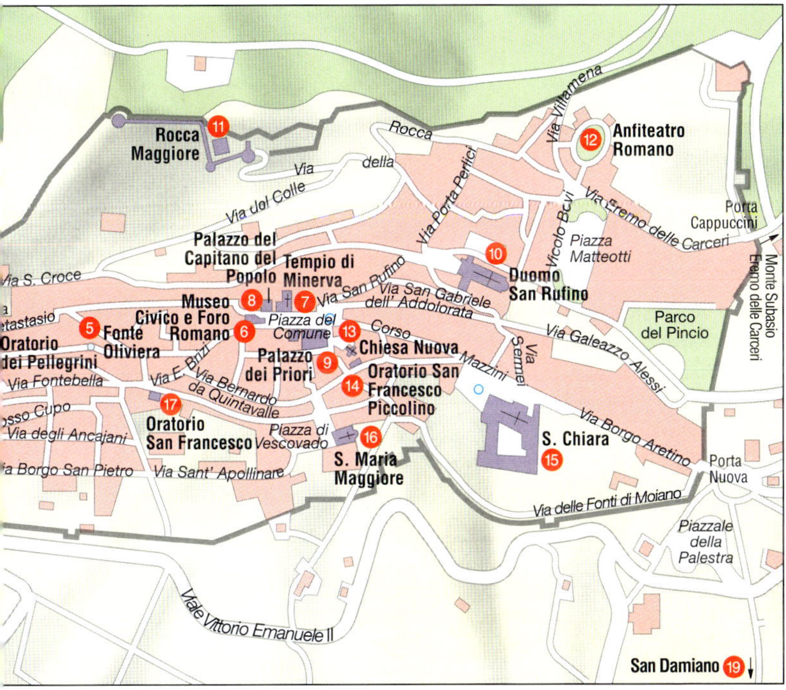

Die Gewölbe und Kapellen der Unterkirche von San Francesco sind farbenprächtig ausgemalt, mal oranmental, mal mit figurenreichen Bildkompostionen

Pietro Lorenzetti aus Siena bemalte den linken Querhausarm der Unterkirche von San Francesco mit Szenen aus der ›Passion Christi‹ (1315–30)

Mit der prächtigen Architektur und der überaus prunkvollen Ausstattung – sowohl Unter- als auch Oberkirche sind über und über mit herrlichen, das Leben des Heiligen darstellenden Fresken bedeckt – steht die Anlage allerdings im Widerspruch zu dem von Franziskus gepredigten Ordensideal der Armut und Besitzlosigkeit.

Unterkirche

Man betritt die Unterkirche mit dem *Grab des hl. Franziskus* durch ein seitliches Doppelportal. Die gedrückten, wuchtigen Proportionen passen gut zum düsteren Charakter einer Grabeskirche. Die Vorhalle und die Seitenkapellen sind erst im 13. Jh. angefügt worden, um die Oberkirche zu stützen.

Der älteste Freskenzyklus der Anlage ist der im **Langhaus**. Diese Wandmalereien wurden um 1260 in Temperatechnik vom sog. *Franziskusmeister* ausgeführt, der die strengen byzantinische Bildformeln erstmals mit expressivem Pathos füllte. Der Künstler hat dabei das *Franziskusleben* auf der linken Wand typologisch der *Christuspassion* auf der rechten gegenübergestellt. Unter den Szenen der Franziskus-Vita, übrigens der älteste Zyklus einer Heiligenlegende in der christlichen Malerei, fällt die gut erhaltene ›Vogelpredigt‹ als eine der schönsten Kompositionen ins Auge.

Einer ganz anderen Bildsprache bedient sich der Sienese *Simone Martini*, der die **erste Kapelle links** mit *Martinsfresken* (1322–26) ausmalte. Sie bestechen durch ihre kostbare Farbigkeit und die höfische Eleganz der Figuren. In zehn Bildern erzählt der Maler, wie der Heilige auf eine glänzende militärische Karriere verzichtet, mit der Mantelspende einem Armen hilft und nach zahlreichen Wundern schließlich von Engeln gen Himmel getragen wird. Die Martinslegende wurde wohl deshalb hier illustriert, weil der des hl. Franziskus sich den hl. Bischof Martin von Tours zum Vorbild genommen hatte.

Als absolutes Highlight der Malerei in der Unterkirche, zugleich unerlässlich für das Verständnis der franziskanischen Lehre, gelten die Fresken der **Vierung**. Die vier Deckenbilder des Vierungsmeisters (*Maestro delle Vele*) entstanden um 1315/20 und lehnen sich eng an den Stil Giottos an. Allegorien des Gehorsams, der Armut und der Keuschheit bilden den thematischen Rahmen für die *Verherrlichung* des hl. Franziskus. Die ›Allegorie des Gehorsams‹ zeigt, wie einem Mönch ein Joch auferlegt wird, gegenüber sitzt die ›Keuschheit‹ in einem Turm. Während Gehorsam und Keuschheit allgemeine Mönchsgelübde sind, zeigt die ›Vermählung des hl. Franziskus mit der Armut‹ das Kernstück der *franziskanischen Ordensregel*: Der fromme Freier steckt einer bleichen Frau, die in einem verschlissenen Kittel barfuß in einem Dornengestrüpp steht und von einem Straßenköter angekläfft wird, einen Verlobungsring an. Der ›Triumph des hl. Franziskus‹ schließlich präsentiert den Ordensgründer thronend in christusähnlicher Haltung.

Im **linken Querhausarm** wird die *Passion Christi* (1315–30) von *Pietro Lorenzetti* aus Siena erzählt. Typisch für seine figurenreichen Bildkompositionen und seine Freude an wertvollen Stoffen ist die ›Kreuzigung‹ an der Ostwand: Eine riesige Menschenmenge umringt die drei Kreuze. Zum ersten Mal sind hier auch die beiden Schächer mit abgebildet.

An der Ostwand des **rechten Querhausarms** findet sich das älteste Bild der Kirche, *Cimabues* 1280 geschaffene ›Thronende Madonna mit Engeln und dem hl. Franziskus‹. Das **Franziskusporträt** dieser Szene wird als das einzige authentische unter den erhaltenen Bildnissen des Heiligen gehalten. Im Unterschied zur geglätteten Franziskusversion Giottos trägt das nicht schöne, aber wache und eindringliche Antlitz dieses kleinen Mannes durchaus individuelle Züge.

Von Giottoschülern wurden die *rechte Querarmkapelle* (›Nikolauslegende‹) und die *dritte Seitenkapelle* rechts (›Wunder der Maria Magdalena‹) ausgemalt.

Die genaue Lage des Heiligengrabes wurde lange Zeit aus Angst vor Grabräubern geheim gehalten und geriet später in Vergessenheit. Erst 1828 entdeckte man den steinernen *Sarkophag* wieder und baute schließlich 1925–32 die **Krypta**, die über das Langhaus zu erreichen ist, in neoromanischem Stil aus. Franziskus ruht hier im Kreise von vier Lieblingsjüngern.

Oberkirche

Da die Außenwände der Unterkirche durch Klosteranbauten fast vollkommen verdeckt sind, tritt äußerlich nur die Oberkirche mit ihrer **Fassade** in Erscheinung. Sie ist in den wuchtig-soliden Formen der umbrischen Spätromanik ausgeführt. So deutet nichts am Außenbau auf die ungewöhnliche Pracht, die den Eintretenden empfängt. Architektonisch zeigt das an französischen Vorbildern orientierte **Innere** den Eigenweg der italienischen Gotik. Nicht das Spiel mit Statik und filigranen Formen steht im Vordergrund, sondern die kostbare Farbigkeit des einschiffigen Saalraums. Die vollständige Ausmalung und die für Italien neuartige Verglasung mit bunten Maßwerkfenstern

Giotto entwickelte in der Oberkirche von San Francesco eine neue Maltechnik, die die Fresken haltbarer machte

Al fresco – Giottos Maltechnik

Die Fresken Giottos in Assisi stellen vom Maltechnischen her eine **große Neuerung** dar. Wer den schlechten Erhaltungszustand der älteren Malereien mit seinen gut konservierten Bildern vergleicht, kann nachvollziehen, warum die folgenden Generationen Giotto nicht nur als großen Meister, sondern auch als eine Art Erfinder der Freskomalerei gepriesen haben.

Bei dieser Methode der Wandmalerei wird mit Sand vermischter Kalk als feuchte Mörtelgrundschicht, **Ariccio**, auf die gesamte Wandfläche aufgetragen. Von der dünnen Kalkdeckschicht hingegen wird immer nur ein Tagwerk, **Giornata**, aufgestrichen, da sie noch in feuchtem Zustand mit den in Wasser gelösten Farbpigmenten bemalt werden muss. Hilfestellung bei dieser schnellen Malweise liefern Ockervorzeichnungen der Gesamtkomposition, **Sinopien**, die durch den nassen Putz durchschimmern. Beim Austrocknen umschließt eine dünne Kalkschicht die Farben und verbindet sie dauerhaft mit der Wand. Typisch für die seit Giotto übliche Freskomalerei ist auch die flexible Einteilung des Bildraums in unterschiedlich große Tagwerke. So ist die Giornata für Gesichter, deren Inkarnat besonders detailliert ausgearbeitet wird, kleiner als für großflächige Hintergründe.

Die Oberkirche von San Francesco präsentiert den weltberühmten Franziskuszyklus von Giotto di Bondone (ab 1296)

sind nicht etwa gefälliges Dekor, sondern notwendiger Bestandteil des Gesamtkonzepts. So wird die architektonische Hülle mit Leben gefüllt. San Francesco ist ein Beweis dafür, dass das große Thema der italienischen Kunst des Mittelalters die Bilder und Bilderzyklen sind.

Die **Langhauswände** der Oberkirche sind mit großen *Franziskusfresken* bedeckt. Dieser Zyklus aus 28 Bildszenen, der als absoluter Höhepunkt der mittelalterlichen Malkunst gilt, wurde ab 1296 von dem Toskaner *Giotto di Bondone* (um 1267–1337) und dessen Schülern ausgeführt. Man sollte die Betrachtung chronologisch vorne rechts mit der ›Huldigung auf der Piazza‹ beginnen und im Uhrzeigersinn fortfahren. Typisch für den Stil Giottos ist die Beschränkung auf klares Kolorit und auf wenige, gut gruppierte Figuren. Hinzu kommt – besonders fesselnd – die Durchpsychologisierung der Handlung. Damit emanzipiert sich Giotto als erster italienischer Künstler entschieden von den starren Schemata der bis dahin vorherrschenden Malerei im byzantinischen Stil. Aber auch technisch stellen diese noch immer frischen Bilder einen Meilenstein in der Perfektionierung der Freskotechnik dar.

Zwischen den Fenstern oberhalb der Franziskusbilder werden auf der rechten Seite Episoden aus dem *Alten Testament*, auf der linken Seite aus dem *Neuen Testament* erzählt. Die Maler vermutet man im Umkreis Cimabues und der Römischen Schule. Die eindringliche Szene ›Isaak segnet Jakob‹ (zwischen dem 2. und 3. Fenster auf der rechten Wand) schuf wohl der junge Giotto, der vermutlich ein Schüler Cimabues war.

Gespenstisch wirken die frühen Fresken Cimabues in der **Altarzone**: Das Bleiweiß ist oxidiert und die ursprüngliche Farbkomposition wurde völlig entstellt. Dennoch kann man eine expressive Kreuzigung und verschiedene apokalyptische Motive ausmachen.

Die durch das Erdbeben 1997 zerstörten **Deckenfresken** der Vierung sind nach faszinierender Puzzlearbeit (über 40 000 Fragmente pro Figur, 150 000 Arbeitsstunden) aus den Originalteilen wieder hergestellt worden – allerdings blieben hier deutlich erkennbare Lücken. Endgültig verloren ist einzig Cimabues Matthäus.

Ausruhen von den vielfältigen Eindrücken kann man sich im Klosterhof des zweigeschossigen **Chiostro Maggiore**, der hinter der Apsiszone liegt. Von hier aus lässt sich auch der **Tesoro** (Mo–Sa 9.30–12 und 14.30–18 Uhr) besuchen. Das in einem früheren Refektorium untergebrachte Museum des Kirchenschatzes umfasst umbrische Kreuze, arabo-sizilianische Drachenstoffe und Heiligengemälde der Sammlung Perkins.

Stadtzentrum

Die von mittelalterlichen Häusern und Palästen gesäumte *Via San Francesco* führt von der Basilika direkt ins Zentrum. Im *Palazzo Vallemani* ist heute die **Pinacoteca Comunale** 2 (Tel. 075 81 20 33, 16. März–15. Okt. tgl. 10–13 und 14.30–18 Uhr, 16. Okt.–15. März tgl. 10–13 und 14–17 Uhr) untergebracht. Sie präsentiert eine kleine Sammlung umbrischer Malerei, (14.–17. Jh.) darunter abgelöste *Fresken* aus verschiedenen Kirchen und Palästen Assisis sowie Gemälde umbrischer Maler wie Ottaviano Nelli, Alunno, Puccio Capanna und Andrea d'Assisi.

Unweit erhebt sich der riesige *Palazzo Giacobetti* (17. Jh.), der heute die 1554 gegründete **Accademia Propertiana del Subasio** 3 beherbergt. Das Institut ist dem Gedenken des in Asisium geborenen Liebeselegikers *Properz* (50 v. Chr.–16 n. Chr.) gewidmet und beschäftigt sich vornehmlich mit antiker Literatur. Schräg

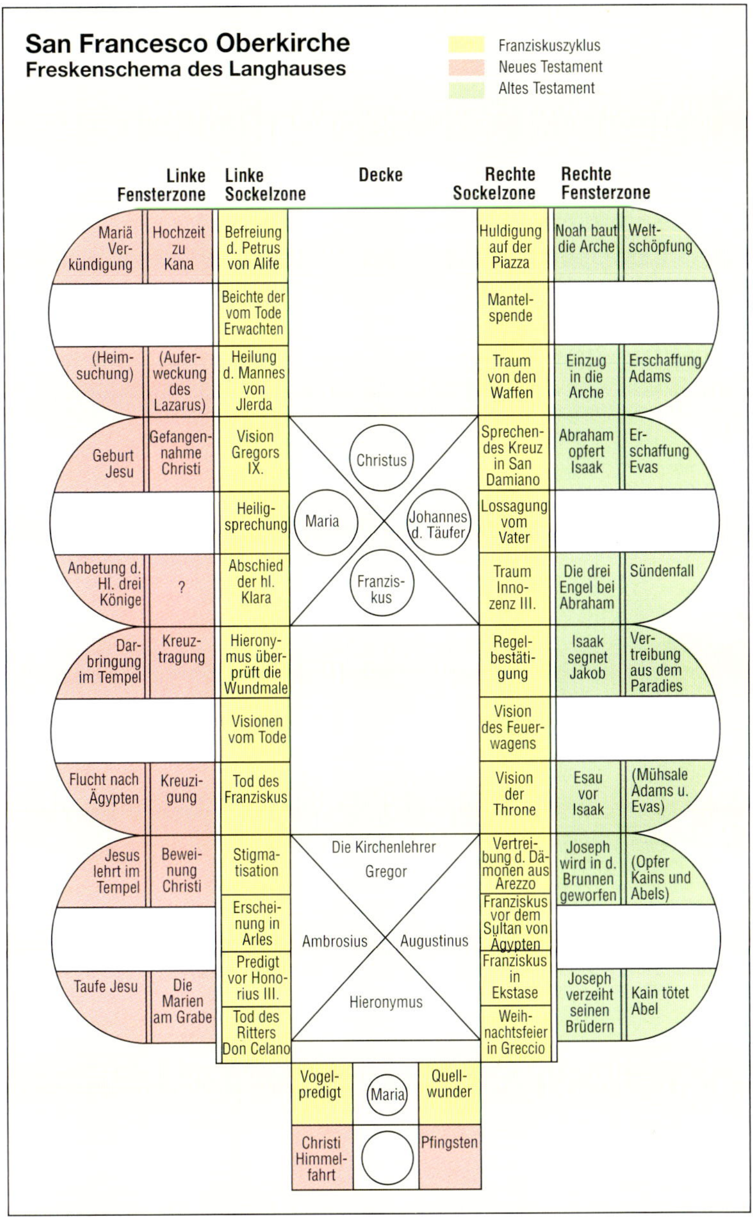

gegenüber befindet sich das **Oratorio dei Pellegrini** ❹, die Kirche eines heute nicht mehr erhaltenen Pilgerhospitals. Das Fassadenfresko ›Auferstandener Christus und die hll. Jakobus und Antonius Abbas‹ (1468 schuf Matteo da Gualdo. Das *Innere* ist über und über mit Fresken (15. Jh.) bedeckt. Das hübscheste unter ihnen ist der ›Kamelsegen des hl. Antonius Abbas‹ von Pier Antonio de Mezzastris. Ein Stück weiter steht die **Fonte Oliviera** ❺. Das Waschen in diesem 1570 geschaffenen Trinkwasserbrunnen wurde – wie die Inschrift belegt – unter Strafe gestellt: »Pena un Scudo e Perdita dei Panni« (Strafe ein Scudo und Beschlagnahmung der Wäsche)! Gegenüber (Nr. 2b) lebt und arbeitet ein alter Olivenholzschnit-

Ein antiker Tempel, mittelalterliche Paläste und gemütliche Straßencafés machen Assisis Piazza del Comune zu einem der schönsten Plätze Umbriens

zer: Ähnlich wie im Heiligen Land wird dieses Handwerk auch im ›umbrischen Bethlehem‹ kultiviert. Hinter einem mittelalterlichen Torbogen beginnt die *Via del Seminario*.

Kurz vor der Piazza del Coumune erreicht man das **Museo Civico e Foro Romano** 6 (Via Portica 2, Tel. 075 8130 53, 16. März–15. Okt. tgl. 10–13, 14–18 Uhr, sonst tgl. 10–13, 14–17 Uhr). Das Museum ist in der Krypta der *Chiesa San Nicolò* untergebracht. Ausgestellt sind etruskische und römische Funde aus Assisi und Umgebung, Sarkophage und Stelen sowie Architekturfragmente. Durch einen Korridor mit Funden wie römischen Fußböden, antiken Wasserleitungen und Inschriften gelangt man zu den *Ausgrabungen* unterhalb der Piazza del Comune, sie konstituieren eine große Terrasse, die einst auf drei Seiten von Säulenhallen umgeben war. Es lag nahe, hier das antike Forum zu vermuten, doch man konnte keine weiteren Spuren öffentlicher Gebäude entdecken. Heute wird angenommen, dass die hier gefundenen Baureste zum Tempel der Minerva (s. u.) gehörten.

Die **Piazza del Comune**, von antiken und mittelalterlichen Gebäuden gerahmt, bildet den Mittelpunkt des öffentlichen Lebens in Assisi. In den Sommernächten, wenn vor der erleuchteten Fassade des Minerva-Tempels und am Stadtbrunnen überall Bartische aufgestellt sind, entwickelt sich ein fast römisches Flair.

Blickfang des weiten Platzes ist der korinthische **Tempio di Minerva** 7, an dessen Fassade sich schon Goethe nicht satt sehen konnte. Eine elegante Lösung, um Platzmangel zu kaschieren, bedeutet die Versenkung der Säulensockel in die Stylobattreppe. Die untersten Stufen der Treppenanlage liegen übrigens unterhalb des heutigen Platzniveaus. Der Podiumstempel aus dem 1. Jh. v. Chr. gehört zu den besterhaltenen römischen Hinterlassenschaften Umbriens. Er wurde 1539 in die *Chiesa S. Maria sopra Minerva* umgewandelt, deren Inneres im 17. Jh. barockisiert wurde.

Links daneben erhebt sich der **Palazzo del Capitano del Popolo** 8 (1212–1305). Dieses Regierungsgebäude wurde 1927 zur Feier des 700. Todestages des hl. Franziskus wenig einfühlsam restauriert. Im Sockel des hohen *Torre del Popolo* sind die kommunalen Maßeinheiten eingelassen. Die gegenüberliegende Platzseite wird von dem aus vier Gebäuden bestehenden **Palazzo dei Priori** 9 eingenommen. Er wurde 1337 errichtet und ebenfalls 1927 durchgreifend restauriert. Hier sind heute Stadtverwaltung und Tourismusbüro ansässig.

Von der Piazza del Comune steigt man die malerische, von Geschäften gesäumte Via di San Rufino zum **Duomo San Rufino** 10 hinauf. Der heutige Bau wurde 1134 unter Bischof Clarissimus von *Giovanni da Gubbio* begonnen und 1228 geweiht. Der robuste Campanile stammt noch von der Vorgängerkirche (1030). Die die gesamte Platzbreite einnehmende **Fassade** mit den filigranen Fensterrosen gehört zu den schönsten der umbrischen Romanik. Besonders reizvoll sind die Reliefs der Portallünetten, in der mittleren Christus, eine stillende Maria und Bischof Rufinus, auf den seitlichen Tierpaare, die aus Amphoren das Wasser des Lebens trinken. Der dreischiffige, 1571 von *Galeazzo Alessi* modernisierte **Innenraum** wurde vom Erdbeben 1997 nur wenig in Mitleidenschaft gezogen. Im rechten Seitenschiff kann man das *Taufbecken* besichtigen, in dem der Stauferkaiser Friedrich II., der hl. Franziskus und die hl. Klara getauft wurden, auf der linken Seite eine römische Zisterne, auf deren Grundmauern der Campanile ruht. Weiterhin sehenswert sind das Chorgestühl von 1520 sowie die barocke Sakramentskapelle. Das **Museo Capitolare** (Tel. 075 81 27 12, 16. März–15. Okt. tgl. 10–13, 15–18 Uhr, sonst tgl. 10–13, 14.30–17.30 Uhr) im rechten Seitenschiff birgt u. a. ein ›Madonnentriptychon‹ von Alunno. Auf der Predella sind Szenen aus dem Leben des Rufinus, des im 3. Jh. hingerichteten ersten Bischofs von Assisi, dargestellt. Die **Krypta** (tgl. 10–13, 15–18 Uh) des Vorgängerbaus ist unter dem ersten Joch der heutigen Kirche erhalten, man erreicht sie vom Domplatz aus. Sie ist Grablege des hl. Rufinus, der in einem römischen Sarkophag ruht.

Vom Domplatz aus bietet sich der Aufstieg zur **Rocca Maggiore** 11 an. Von hier

Auf den Spuren Kaiser Friedrichs II. – im Duomo San Rufino von Assisi (vorne) wurde er getauft, in der Rocca genannten Festung über der Stadt wuchs er auf

Das Porträt des hl. Franziskus schuf Cimabue in der Unterkirche von San Francesco

Il Poverello

Ein grüner *Poverello* fürs Sentiment, der die Natur liebt und zu den Tieren spricht – auf diese beschauliche Rolle wird der umbrische Heilige **Franziskus von Assisi** (1181/82–1226) heute zumeist reduziert. Doch der Franziskus, wie er in den frühen Quellen, etwa der Lebensbeschreibung des Thomas von Celano, erscheint, war viel kantiger und kämpferischer.

Nur 1,40 m groß soll Francesco, der Sohn des reichen Tuchhändlers Pietro di Bernardone und der adligen Französin Pica, gewesen sein. Trotzdem wollte er als Ritter kämpfen. Gefangenschaft und Krankenbett verhinderten dies jedoch. Eine **Vision** in der baufälligen Kapelle *San Damiano* gab ihm 1206 Klarheit über seine Zukunft: »Vade Francisce et repara domum meam« (Geh und stell mein Haus wieder her), sprach das Kruzifix zu dem Beter. Um an Baugeld zu kommen, verkaufte er Stoffe seines Vaters – ohne ihn zu fragen, wohlgemerkt. Der Vater klagte ihn an, doch Franziskus warf ihm vor versammelter Stadt Geldbörse und Gewand vor die Füße und flüchtete unter bischöflichen Schutz. Der Sohn aus reichem Hause hatte damit seinen Stand verlassen und wurde zum Poverello.

Fortan lebte er ein **religiöses Leben** auf eigene Faust. Er bettelte und arbeitete, was auch für die ersten Franziskaner noch selbstverständlich war. Eigenhändig stellte er San Damiano wieder her. 1208 hielt er seine **erste Predigt** in Assisi und gewann bald Anhänger. Sie bezogen ein notdürftiges Quartier in der Porziuncula, einer verlassenen Benediktinerklause unterhalb Assisis. Sie nannten sich **Minores** (Minderbrüder). Ihre ›Urregel‹ war einfach, fast nur aus Evangelienzitaten zusammengesetzt: »Ihr sollt nicht Gold, noch Silber, noch Erz in euren Gürteln haben; auch keine Tasche zur Wegfahrt, auch nicht zween Röcke, keine Schuhe, auch keinen Stecken. Denn ein Arbeiter ist seiner Speise wert.« (Matth. 10,7)

1209 wurde die kleine Kommunität, die die brandaktuellen sozialen The-

oben genießt man einen herrlichen Blick auf Assisi und die Valle Umbra. In der heute teilweise verfallenen Burg verbrachte der jung verwaiste *Friedrich II.* (1194–1250) seine ersten Lebensjahre. 1198 wurde die Anlage von den Bürgern Assisis gestürmt und zerstört und erst 1367 unter Kardinal Albornoz wieder aufgebaut. Beim Herumstreifen auf der Rocca kann man u. a. die mittelalterliche Küche mit ihren riesigen Kaminen entdecken.

Auf dem Rückweg ins Zentrum führt ein kurzer Abstecher zum **Anfiteatro Romano** 12. In späteren Jahrhunderten wurden auf den Fundamenten des Amphitheaters einige Häuser errichtet – in einem von ihnen hat sich heute ein Hotel einquartiert.

Von der Piazza del Comune aus gibt es weitere franziskanische Stätten zu entdecken. Links vom Palazzo dei Priori gelangt man zu einer kleinen Piazzetta mit der barocken **Chiesa Nuova** 13. Der harmonische Bau in Form eines griechischen Kreuzes wurde 1615 über dem Elternhaus des hl. Franziskus errichtet. Im *Inneren*, am ersten Vierungspfeiler links, kann man den kleinen Raum begutachten, in dem Pietro di Bernardone seinen Sohn Franziskus einige Tage gefangen hielt, weil dieser kostbare Stoffe veruntreut hatte [s. S. 66]. Links von der Apsis führt eine Tür in das men ihres Jahrhunderts (die Kluft zwischen Arm und Reich, die Herrschaft des Adels und der Kirche) ansprach, von **Papst Innozenz III.** offiziell anerkannt. Der Einzelkämpfer Franziskus wurde so in den Schoß der Kirche aufgenommen, war aber nun zugleich durch den gelobten Gehorsam gebunden. Die Reformation wurde dadurch – nach einem kühnen Worte Macchiavellis – um 300 Jahre verschoben.

Die Franziskaner blieben dennoch mehr Bewegung als Orden: Klöster, Besitz und Sesshaftigkeit lehnten sie ab. Wie die Apostel wollte man das Evangelium auf der **Wanderschaft** weitertragen: Franziskus zog jahrelang predigend durch Südfrankreich und versuchte während des 5. Kreuzzugs sogar, den ägyptischen Sultan zu bekehren. Noch heute betreuen Franziskanermissionare die katholischen Stätten des *Heiligen Landes*.

Als der unermüdliche Ordensgründer nach Italien zurückkehrte, war die Gemeinschaft schon zu einer Massenbewegung angeschwollen. Planung und Hierarchie tat Not. 1223 wurde die bis auf den heutigen Tag gültige **Regel** als Papstbulle veröffentlicht. Doch Franziskus hasste Administration, ließ der Verwaltung ihren Lauf und zog sich mit wenigen treuen Gefährten in die Waldeinsamkeit zurück.

Und hier passierte das Unerhörte. Am Michaelstag des Jahres 1224, als er in der toskanischen Bergklause von **La Verna** fastete, erschien ein Seraphim, der ihm mit glühenden Feuerstrahlen die Wundmale Christi einbrannte: Als erster **stigmatisierter Heiliger** trat Franziskus damit die direkte Nachfolge Christi an!

Von nun an wurde er immer kränker und begab sich in die Obhut der hl. Klara, mit deren Hilfe er 1212 den sog. Zweiten Orden, den Orden der **Klarissinnen**, gegründet hatte. Im Garten von San Damiano, außerhalb von Assisi gelegen, dichtete der Erblindete sein Bekenntnis universaler Liebe, den ›**Cantico di Frate Sole**‹ (1224). Der ›Sonnengesang‹, der Gott als den Schöpfer der Natur preist, ist übrigens eines der ersten Gedichte in italienischer Sprache.

Auf dem Sterbebett diktierte Franziskus sein **Testament**, eine letzte Kritik an der einengenden Regel von 1223. Mit wunderbar klaren und einfachen Worten beschrieb er noch einmal seinen Weg: »Und wir waren zufrieden mit einer innen und außen geflickten Kutte, einem Gürtelstrick und Unterhosen. Mehr wollten wir nicht haben.«

Der hl. Franziskus war nicht nur ein außergewöhnlicher Mensch, er war auch ein außergewöhnlicher Heiliger. Seine **Grabeskirche** war die größte bis dahin für einen Heiligen erbaute, er war der erste, dem eigene Altäre geweiht wurden. Und mit zunehmendem Interesse an seinem wahren Erscheinungsbild entstanden die ersten porträtähnlichen Bildnisse der europäischen Malerei seit der Antike. So zeigt z.B. das Fresko Cimabues in der Unterkirche der **Basilica San Francesco** einen kleinen, eher hässlichen Mann mit abstehenden Ohren, aber hellen, alles durchdringenden Augen.

eigentliche Haus, in dem ein Raum als Oratorium hergerichtet ist. Vor der Kirche haben die Bürger Assisis ein modernes *Denkmal* der Eltern aufgestellt: Mutter Pica hält die gelösten Ketten ihres Sohnes.

Nach wenigen Schritten erreicht man die Geburtsstätte des hl. Franziskus, das **Oratorio San Francesco Piccolino** 14. Die Portalinschrift der winzigen Kapelle verrät, dass sich früher an dieser Stelle ein Stall befunden hat – eine auffällige Parallele zur Geburt Christi.

Über die Via Bernardo da Quintavalle geht es zur weiten Panorama-Terrasse mit der Grabeskirche der hl. Klara. Die Chiesa **S. Chiara** 15 wurde 1257, zwei Jahre nach Heiligsprechung der Klara, begonnen und 1265 geweiht. Baumeister *Filippo da Campello* dehnte das arabisch-romanische Prinzip der Steinpolychromie auf den gesamten **Außenbau** aus, der mit rosa und weißem Stein vom Monte Subasio gebändert bzw. schachbrettartig eingelegt ist. Spektakulär sind die weiten Strebepfeiler, die beim Erdbeben 1997 ihre Stützfunktion unter Beweis stellten und S. Chiara vor größeren Schäden bewahrten. Der einschiffige **Innenraum**, eine nüchterne Kopie der Oberkirche von San Francesco, beherbergt kostbare Gemälde. In der rechts abzweigenden *Cappella del Crocefisso* hängt das berühmte ›Spre-

S. Chiara, die Grabeskirche der hl. Klara, entstand ab 1257. Bemerkenswert sind vor allem die mächtigen Strebepfeiler am Außenbau

Die heilige Klara – eine starke Franziskanerin

Das junge Mädchen **Chiara** (Klara) aus der Adelsfamilie Offreduccio hörte im Jahre 1212 eine Predigt von **Franziskus** im Duomo San Rufino, verließ daraufhin nachts ihr Elternhaus und floh mit einer Freundin zur **Porziuncula** [s. S. 72]. Franziskus nahm die spätere hl. Klara freundlich auf, schor ihr die Haare und legte ihr ein grobes Büßergewand an. Sie leistete ihm gegenüber die *franziskanischen Gelübde*, worauf Franziskus für sie den sog. Zweiten Orden gründete. Die Gemeinschaft der **Klarissinnen** ließ sich in San Damiano nieder, um ein Leben in Armut und Buße zu führen. Klara wurde im Laufe der Zeit zur wichtigsten Beraterin, ja fast Weggefährtin des Heiligen. Bezeichnenderweise zog sich der sterbenskranke Franziskus in ihr Kloster zurück, um in seinen letzten Stunden dieser innigen Vertrauten nahe zu sein. Klara, die ihren Orden mit strenger und gütiger Hand führte, starb 1253 in San Damiano. Bereits kurz nach ihrer **Heiligsprechung** 1255 begann man mit dem Bau von S. Chiara, wo ihre Gebeine 1260 endgültig bestattet wurden.

chende Kreuz‹ von San Damiano, das 1206 den hl. Franziskus zum Wiederaufbau dieser halb verfallenen Kirche aufforderte. In bunten, starken Tönen zeigt dieses bemalte Triumphkreuz (2. Hälfte 12. Jh.), wie der gekreuzigte Christus mit ungebrochenem Blick über den Tod triumphiert. Diese Kapelle und die angrenzende *Cappella del Sacramento* gehörten zum Vorgängerbau San Giorgio, in dem Franziskus am 16. Juli 1228 von Papst Gregor IX. heilig gesprochen wurde. Hier lag er auch bis zu seiner Überführung nach San Francesco begraben. Im rechten Querarm erzählt die interessante Tafel des *Klara-Meisters* (um 1280) in naiven Bildern das Leben der Heiligen, darunter auch jene Episode, in der ihr Vater mit Gewalt versucht, sie aus dem Kloster fortzuziehen. Von derselben Hand dürfte das Kruzifix über dem Hauptaltar stammen. Zu Füßen des Gekreuzigten trauern hier Franziskus, Klara und eine Stifterin. Die **Krypta** mit dem Grab der Heiligen wurde 1850–72 angelegt und 1935 neogotisch umgestaltet.

Auch in der Unterstadt gibt es interessante Kirchen. An der Piazza di Vescovado erhebt sich die Chiesa **S. Maria Maggiore** 16, die bis ca. 1020, als San Rufino sie ablöste, Bischofskirche von Assisi war. Noch heute schließt sich rechts der Bischofspalast (*Vescovado*) an. Die schlichte, durch vier Lisenen und eine Rosette gegliederte Fassade von 1163 fällt durch eine antike Brunnenschale auf, die über dem Hauptportal eingemauert ist. Im **Oratorio San Francesco** 17 an der Piazza Garibaldi ist die große ›Kreuzigung‹ (2. Hälfte 14. Jh.) der Altarwand sehenswert. Sie wird *Giovanni da Corraduccio* zugeschrieben. Freunde romanischer Architektur können schließlich noch zu **San Pietro** 18 hinabsteigen. Die am Ortsrand gelegene, 970 erstmals erwähnte Benediktinerabtei wurde im 13. Jh. erneuert und 1254 geweiht. Die romanische Fassade im Stil San Rufinos ist durch Lisenen und drei Fensterrosen geschmückt.

Kein Besuch Assisis ist vollständig ohne eine Besichtigung der außerhalb der Stadtmauern gelegenen heiligen Stätten wie etwa S. Maria degli Angeli [s. S. 72] oder die Eremo delle Carceri [s. S. 73] am Monte Subasio. In **San Damiano** 19, von der Porta Nuova in etwa 15 Min. zu Fuß zu erreichen, verdichtet sich die franziskanische Legende. Hier hatte Franziskus 1206 sein entscheidendes Gotteserlebnis, als das Triumphkreuz, das heute in S. Chiara aufbewahrt wird, zu ihm sprach und ihn aufforderte, die Kirche zu reparieren. Einige Jahre später lebte hier die hl. Klara mit ihren ersten Gefährtinnen nach der franziskanischen Regel. Und hierhin zog sich der kranke, blinde und stigmatisierte Franziskus 1225 zurück, gepflegt von seiner geistlichen Schwester. San Damiano gehört zu den stimmungsvollen ländlichen Orten, die die Schlichtheit des frühen Ordens bewahrt haben. Durch die Vorhalle betritt man den einschiffigen *Innenraum*, in dem eine Kopie des ›Sprechenden Kreuzes‹ hängt. Gleich rechts sieht man das Fenster, durch das Franziskus das Geld für die Kirchenrenovierung warf. Betsaal und Dormitorium der hl. Klara können ebenso besichtigt werden wie der Kreuzgang und der kleine Klostergarten.

i Praktische Hinweise

Information

IAT, Piazza del Comune, Assisi,
Tel. 075 81 25 34, Fax 075 81 37 27,
www.assisionline.it

Ein Ort der Stille – der kleine Kreuzgang von San Damiano

Hotels und Herbergen

******Subasio**, Via Frate Elia 2, Assisi,
Tel. 075 81 22 06, Fax 075 81 66 91.
Schon italienische Königinnen wussten die unmittelbare Nähe zur Franziskusbasilika zu schätzen.

Die beste Adresse in Assisi – Hotel Subasio

**Alexander, Piazza Chiesa Nuova 6, Assisi, Tel. 075 81 61 90. Zentral gelegenes Hotel mit geschmackvollen Zimmern.

**Albergo Ancajani, Via degli Ancajani 16, Assisi, Tel. 075 81 51 28, Fax 075 81 51 29. Das Klosterhotel ist nüchtern, freundlich und modern (auch im Winter geöffnet).

*Anfiteatro Romano, Via Anfiteatro, Assisi, Tel. 075 81 30 25, Fax 075 81 51 10. Kleines Hotel mit sieben Zimmern fernab vom Pilgerrummel in der Oberstadt. Das dazugehörige Restaurant steht auf den Mauern des antiken Amphitheaters.

*Monastero S. Croce, Via S. Croce 4, Assisi, Tel. 075 81 25 15, Fax 075 81 67 64. Von deutschen Nonnen geleitetes Gästehaus. Voranmeldung dringend erforderlich.

Restaurants

La Fortezza, Vicolo Fortezza 2 b, Assisi, Tel. 075 81 24 18. Das Lokal gleich bei der Piazza bietet Wildtauben im Tontopf, Steinpilze und *Pasta fresca* in sympathischem rustikalen Ambiente (Do geschl.)

Trattoria da Erminio, Via Montecavallo 19, Assisi, Tel. 075 81 25 06. Grillfleisch vom offenen Kamin sowie Pilzcrostini und Kaninchen *all'assisana*. Die gepflegte Einrichtung verzichtet auf den in vielen Lokalen üblichen Mittelalterkitsch (Do geschl.).

14 S. Maria degli Angeli

In wahren Massenwallfahrten ehren die Gläubigen den Sterbeort des hl. Franziskus.

Die Chiesa S. Maria degli Angeli, in der Ebene der Valle Umbra gelegen, ist der Triumph des Barock über die franziskanische Schlichtheit. Der schon kurz nach ihrer Errichtung im 17. Jh. einsetzende Rummel entfaltet allerdings sein eigenes Kolorit. Denn die **Porziuncula**, die schlichte Sterbekapelle des hl. Franziskus, der eine gigantische Barockkirche übergestülpt wurde, zieht nach wie vor magnetisch die Massen und die Andenkenhändler an.

Geschichte Die Porziuncula ist heiligster franziskanischer Boden. Diese einfache Feldkapelle hatte Franziskus zum ersten Zentrum seiner der Natur und dem einfachen Leben gewidmeten Bewegung gemacht. Stroh- und Lehmhütten bildeten das erste franziskanische ›Kloster‹, hier entstand der Orden, und hier wurde 1221 das erste Kapitel abgehalten. 1226 ist Franziskus auf dem Steinboden der Kapelle liegend gestorben. Schon wenige Jahre nach dem Tod des Heiligen begannen Wallfahrten den Ort reich zu machen.

Besichtigung Ein Detail wie die bombastische 26-strahlige *Tränke* an der Flanke der Basilika, 1610 von den Medici gestiftet, zeigt, dass hier geklotzt wurde: Die 115 m lange Kuppelkirche im römischen Stil, die weithin die Valle Umbra dominiert, war *das* Prestigeobjekt des barocken Umbrien. *Galeazzo Alessi* aus Perugia, Starbaumeister Genueser Patrizierpaläste, hat hier sein architektonisches Vermächtnis realisiert. Der 1569 begonnene Prunkbau wurde erst 1928 mit der Errichtung der Vorhalle abgeschlossen. 1832 musste das baufällige Mittelschiff vollständig erneuert werden.

Zentrum der Verehrung im *Inneren* ist natürlich die Porziuncula-Kapelle, in der fast immer inbrünstige Beter knien. Das Fassadenfresko mit der Ablassgewährung

Im 17. Jh. überbaute man die kleine Porziuncula mit einer gewaltigen Barockkirche

Hier fühlte sich Franziskus besonders wohl – nach einer schönen Wanderung erreicht man die franziskanische Einsiedelei Eremo delle Carceri

ist ein Werk des Nazareners *Friedrich Overbeck* von 1829. Die feierlich-bunte Altartafel in ihrem Inneren schuf 1393 Ilario da Viterbo.

Beim rechten hinteren Vierungspfeiler von S. Maria degli Angeli liegt die **Cappella del Transito**, die den Sterbeort des Heiligen markiert. Die um 1900 geschaffenen Fresken von *Domenico Bruschi* stellen Szenen aus seinem Leben dar. Unbedingt sollte man vom rechten Querschiff aus einen Rundgang durch das stimmungsvolle *Kloster* unternehmen. Im *Roseto* genannten Garten blühen die Rosen, die ihre Dornen verloren, als sich der hl. Franziskus bei einer sexuellen Anfechtung in ihnen wälzte, in der **Cappella del Rosario** hat Tiberio d'Assisi 1506–16 in beschaulichen Bildern die Geschichte des Rosenwunders und des Ablasses erzählt.

15 Monte Subasio

TOP TIPP *Zum franziskanische Hausberg führen stimmungsvolle Wanderwege.*

Natürlich kann man auch mit dem Linienbus oder dem eigenen Mobil fahren, doch franziskanischer und erholsamer ist es allemal, den Subasio auf einem der herrlichen *Wanderwege* zu besteigen. Der Einstieg befindet sich in der Oberstadt von *Assisi* bei der Porta Cappuccini in der Nähe des Amphitheaters, wo gleich links ein Feldweg von der Fahrstraße abzweigt. Auf den Serpentinen des Friedensweges, des *Sentiero della Pace*, steigt man durch Steineichenwälder in ca. 90 Min. zu dem auf 791 m Höhe gelegenen stimmungsvollen **Eremo delle Carceri** empor. Um die Felsgrotten, in denen die ersten Anhänger des hl. Franziskus lebten, wurde im 15. Jh. ein schlichtes Eremitenkloster errichtet. Eindrucksvoll sind die winzigen Bet- und Schlafräume und der Brunnen des hl. Franziskus.

Weitere gut ausgebaute Wanderwege führen in die baumlose *Gipfelzone* des trüffelreichen Monte Subasio in 1290 m Höhe (von Assisi ca. 3 Std.).

i Praktische Hinweise

Restaurant

La Stalla, Loc. Fontemaggio, Tel. 075 81 23 17. Uriges Ausflugslokal an der Straße zum Eremo delle Carceri. Geboten wird Polenta, Grillfleisch und viel Platz im Freien (Mo geschl.).

Von Spello nach Spoleto – Perlen der Valle Umbra

Die Valle Umbra, die fruchtbare Ebene, die Umbrien von Nord nach Süd, von Assisi bis Spoleto, durchzieht, hat die Reisenden schon immer in ihren Bann gezogen. Mauerbewehrte mittelalterliche Städtchen wie **Spello** und **Trevi**, **Bevagna** und **Montefalco** thronen auf Hügeln hoch über dem Tal und geben grandiose Ausblicke auf die Landschaft frei. »Ein weites Tal, das kein Sterblicher betrachten kann, ohne eine gleichsam göttliche Freude zu empfinden«, rief 1740 *Goethes Vater Johann Caspar* ergriffen aus. Auch heute gilt: Wer die steilen Gassen der kleineren und größeren Bergstädtchen erklimmt und den Blick über die sanften Hügel, die Olivenhaine und grünen Feldern schweifen lässt, wird sich in eine zeitentrückte Idylle versetzt fühlen.

16 Spello

Plan Seite 76

TOP TIPP

Meisterwerke Pinturicchios in einem von Olivenhainen umgebenen Bergstädtchen der Valle Umbra.

Das sich am Fuße des *Monte Subasio* erstreckende Spello hat alles, was man von einem mittelalterlichen Städtchen in Italien allgemeinhin erwartet – nur eines fehlt, nämlich eine schöne Piazza. Dafür gibt es Treppenwege, Blumentopfidyllen in Seitengassen, verträumte Frührenaissance-Gemälde, römische Stadttore und eine vorzügliche Küche. Schließlich kommt aus den umliegenden Ölbergen das berühmteste Olivenöl Umbriens: Das *Olio di Spello* ist grünschillernd und feinherb. Viele römische Wochenendurlauber sind dem altertümlichen Charme und den kulinarischen Genüssen Spellos verfallen. Und einmal im Jahr lebt der Ort richtig auf: Zum *Infiorata-Fest* am Fronleichnamssonntag wird auf dem Corso ein riesiger Blumenteppich ausgelegt.

Geschichte Unter dem römischen Kaiser *Augustus* (63 v. Chr.–14 n. Chr.) wurde das vermutlich schon umbrisch besiedelte **Hispellum** zur ›Splendissima Colonia Julia‹ ernannt und mit Ländereien ausgestattet, u. a. dem Quellgebiet des Clitumnus. Zur selben Zeit entstand die Stadtmauer, die zu den besterhaltenen Umbriens gehört. 300 Jahre später gewährte *Kaiser Konstantin* Spello das Privileg, die aus umbro-etruskischer Zeit stammenden Weihespiele auszurichten, die bislang im Fanum Voltumniae bei Orvieto [s. S. 31] stattgefunden hatten.

Im Laufe des Mittelalters wechselte Spello mehrmals die Fronten, geriet zunächst unter die Herrschaft der *Langobarden* von Spoleto und ging dann zusammen mit dem Herzogtum in den Besitz des Kirchenstaates über. Obwohl das Städtchen um 1130 seinen Bischofssitz, den es seit 487 innehatte, verlor, gelang es ihm, zur **freien Kommune** aufzusteigen. Nach aufreibenden Kämpfen gegen Assisi und Foligno schloss sich Spello im 14. Jh. *Perugia* an und fiel Ende des 16. Jh. erneut an den Kirchenstaat.

Besichtigung Man betritt die Unterstadt gewöhnlich durch die **Porta Consolare** 1. Obwohl das römische Stadttor des antiken Hispellum mit seiner Basis heute fast 2 m unter dem Bodenniveau liegt, wirkt es noch immer imposant. Die antiken Statuen über den Bögen stammen aus dem nahen Amphitheater und wurden erst im 16. Jh. hier angebracht.

Der folgende Aufstieg ist so steil, dass die Via Consolare mit rutschfestem Gummi gepflastert ist. Am Ende einer lang gezogenen Kurve passiert man links die

◁ *Duomo S. Maria Assunta in Spoleto – die Beleuchtung setzt die Architektur (1155–98) in Szene. Die Tafelfassade mit Mosaik und Fensterrosen zählt zu den schönsten Umbriens*

Pinturicchio schmückte die Cappella Baglioni im Dom von Spello mit Szenen aus dem Leben Jesu (1500)

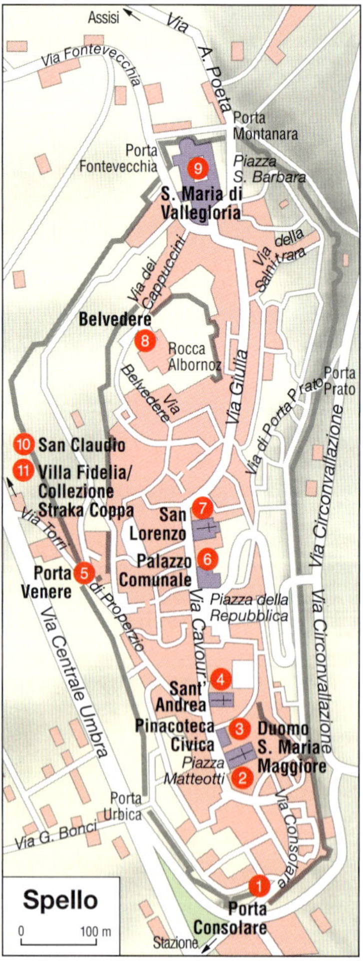

Cappella Tega, die 1461 von Alunno ausgemalt wurde. Weit bedeutendere Fresken sind im **Duomo S. Maria Maggiore** 2 zu sehen, der die angrenzende Piazza Matteotti dominiert. Das 1285 errichtete Gotteshaus wurde 1644 umfassend barockisiert. Die *Cappella Baglioni*, die sich in der linken Langhauswand öffnet, wartet mit einem Highlight der umbrischen Malerei auf: Hier hat Bernardo di Betto di Biagio – aufgrund seiner geringen Körpergröße **Pinturicchio** (um 1454–1513), das kleine Malerchen, genannt – 1500 einen seiner innigsten Freskenzyklen geschaffen. Die drei Szenen aus dem Leben Jesu, auf der linken Wand die ›Verkündigung‹, in der Mitte die ›Anbetung der Hirten‹ und auf der rechten Wand ›Jesus unter den Schriftgelehrten‹, bezaubern auch heute noch durch ihr märchenhaftes Ambiente und ihre Detailfreude. Besonders reizvoll, wenn auch von schwacher Komposition, ist die ›Anbetung‹ an der Stirnwand. Man achte auf die weite umbrische Landschaft mit See und die drei Hirten mit bemerkenswert realistischem Gesichtsausdruck. In der rechten unteren Ecke der ›Verkündigung‹ verewigte sich der Maler mit einem Selbstporträt. Im Palazzo dei Cononici (16. Jh.), dem Konvent der Kirche, ist heute die sehenswerte **Pinacoteca Civica** 3 (Tel. 07 42 30 14 97, April–Sept. Di–So 10.30–13, 15–18.30 Uhr, Okt.–März Di–So 10.30–12.30, 15–17 Uhr) untergebracht. Sie präsentiert Malerei, Skulptur und Kunsthandwerk des 13.–18. Jh. aus Umbrien.

Am oberen Ende der Piazza Matteotti steht die Chiesa **Sant'Andrea** 4. Der schlichte Bau des 13. Jh. birgt im linken Querarm ein weiteres Gemälde Pinturicchios: In der ›Sacra Conversazione‹ von 1508 wird die Madonna mit Kind von den hll. Andreas, Ludwig von Toulouse, Franziskus und Laurentius gerahmt. Ein nettes Detail: Auf einem Schemel vor dem Johannesknaben liegen zwei an den Künstler gerichtete Briefe des Bischofs von Orvieto.

Gegenüber der Kirche führt die blumengeschmückte Via Torri di Properzio zur römischen **Porta Venere** 5. Das antike, mit drei Durchgängen versehene Stadttor wurde einst von zwei Türmen flankiert. Nun geht es zur Hauptstraße Via Cavour mit der nüchternen *Piazza della Repubblica*, die das Areal des römischen Forums einnimmt. Imposantestes Bauwerk ist hier der 1270 entstandene **Palazzo Comunale** 6 mit seiner Loggia. Weiter oben passiert man rechts die barockisierte Chiesa **San Lorenzo** 7. Hier hatte der berühmte franziskanische Bußprediger *Bernardino da Siena* 1438 eine geniale Idee: Frauen und Männer bei der Messe durch einen Vorhang zu trennen, damit sie sich nicht gegenseitig durch Blicke ablenken, und sich so besser auf den Gottesdienst konzentrieren können.

In der Oberstadt lassen sich weitere Entdeckungen machen: Die Via Belvedere führt zu den Ruinen der päpstlichen Festung *Rocca Albornoz* und zum

TOP TIPP

Belvedere 8, der einen prächtigen Ausblick über die Valle Umbra bis nach Assisi gewährt. Über die Via dei Cappuccini gelangt man schließlich zur 1320 entstandenen Klarissinnenkirche **S. Maria di Vallegloria** 9. Wer Glück hat, findet sie geöffnet und kann eines der ältesten bemalten Triumphkreuze Umbriens (um 1220) bestaunen.

Außerhalb der Stadtmauern, Richtung Perugia, liegen die Reste des römischen Amphitheaters und die romanische Chiesa **San Claudio** 10, die über den Ruinen eines antiken Gebäudes errichtet wurde. Ein Stück weiter fällt ein prächtiger Park ins Auge. In der **Villa Fidelia** 11 (Via Flaminia 72, Tel. 07 42 30 18 66, Juli/Aug. tgl. 10.30–13, 16–19 Uhr, April–Juni, Sept. Do–So 10.30–13, 15.30–18 Uhr, Okt.–März Sa/So 10.30–13, 15–17.30 Uhr) mit ihren zypressenbeschatteten Terrassengärten hielt im 18. Jh. kein geringerer Hof als Giuseppe Piermarini, umbrischer Architekt der Mailänder Scala. Im Gebäude ist die Privatsammlung **Collezione Straka Coppa**, untergebracht. Sie zeigt neben Möbeln Malerei der Moderne und Ggenwart u. a. von Renato Guttuso und Giacomo Manzù, aber auch Gemälde von Tizian, Ludovico Caracci oder Vincenzo di Biagio. Im Park finden jeden Sommer Konzerte und andere Kulturevents statt.

i Praktische Hinweise

Hotel

TOP TIPP

******Palazzo Bocci**, Via Cavour 17, Spello, Tel. 07 42 30 10 21, Fax 07 42 30 14 64, www.palazzobocci.com. Der intime, elegant restau-

Relikt aus der Römerzeit – das antike Stadttor Porta Venere (links) mit seinen beiden flankierenden Rundtürmen bildet den westlichen Zugang zur Altstadt von Spello

rierte und modernisierte Palazzo des 17. Jh. ist mit neobarocken Wandmalereien geschmückt. Das Restaurant mit Terrasse bietet umbrische Küche. Gutes Frühstück.

Restaurants

Il Cacciatore, Via Giulia 42, Spello, Tel. 07 42 65 11 41. In diesem auch mit einer Terrasse ausgestatteten Lokal kann man vorzügliche im Tontopf zubereitete Wildtauben genießen (Mo geschl.).

La Cantina, Via Cavour 2, Spello, Tel. 07 42 65 17 75. Das Restaurant bietet vorzügliche Köstlichkeiten wie Lamm mit Artischocken, *Tagliata* (Filetstreifen) mit Rucola und Pasta mit Wildspargel (Mi geschl.).

17 Foligno

Immer wieder von Erdbeben heimgesucht, blieben Foligno nur wenige alte Kirchen und Paläste. Dafür locken zahlreiche Modeboutiquen.

Um den durch den ersten Stoß des Erdbebens 1997 geborstenen Domturm von Foligno bangte tagelang die ganze Nation. Nachdem er schließlich vor den Augen der Fernsehzuschauer zusammengestürzt war, trauerten die Einwohner nicht lange, sondern setzten ein *Restaurierungsprogramm* für ihn und die anderen betroffenen Bauten in Gang. Heute sind fast alle der beschriebenen Sehenswürdigkeiten wieder hergestellt, doch Tatsache ist, dass die Besucher auch bisher eher wegen der gepflegten Modeboutiquen als wegen der Kunst nach Foligno kamen. Denn die mit 49 000 Einwohnern drittgrößte Stadt Umbriens ist anders. Sie liegt nicht malerisch am Berg, sondern satt in der Ebene, und sie lebt vornehmlich von der Kleinindustrie statt vom Tourismus.

Foligno – die südliche Fassade des Duomo San Feliciano besitzt ein reich verziertes Portal und schöne Fensterrosen

Geschichte Dank seiner verkehrsgünstigen Lage an der Schnittstelle der beiden Trassen der Via Flaminia entwickelte sich das antike **Fulginium** zu einem wichtigen Handelszentrum. Das rechtwinklige Straßennetz der Altstadt geht noch auf die römische Zeit zurück. Im 12. Jh. stieg Foligno zur freien Kommune auf. Unter kaiserlichem Schutz stehend, dominierte sie weite Teile Umbriens. Ab 1310 lenkte die mächtige Adelsfamilie der *Trinci* die Geschicke Folignos und der Valle Umbra. Ihre Herrschaft beendete 1439 *Kardinal Vitelleschi*, der die Stadt für den Kirchenstaat eroberte. 1472 wurde in Foligno das erste Buch in italienischer Sprache gedruckt, Dantes *›Divina Commedia‹*. Bekanntester Sohn Folignos ist *Giuseppe Piermarini* (1734–1808), der Architekt der Mailänder Scala. Nach den Zerstörungen durch Erdbeben und die Bombardements im Zweiten Weltkrieg präsentiert sich Foligno heute als moderne Kleinstadt.

Besichtigung An der zentralen *Piazza della Repubblica* stehen die wichtigsten Bauwerke Folignos, so auch der **Duomo San Feliciano**, an dem viele Generationen mitgewirkt haben: Vom namentlich belegten Baumeister *Attus*, der 1113 den Anfang machte, bis ins 20. Jh., als das funkelnde Stiftermosaik mit Papst Leo XIII. an der Hauptfassade angebracht wurde. Dazwischen liegen die Renaissancekuppel von *Antonio da Sangallo d. J.* und *Cola di Caprarola* sowie die klassizistische Neugestaltung durch Giuseppe Piermarini. Interessanter als die Hauptfassade von 1133, die bei den Umbauten im 20. Jh. stark verändert wurde, ist die 1201 entstandene *Südfassade*. Das mehrfach gestaffelte Portal, durch das man ins Querhaus gelangt, besticht durch seine reichen Verzierungen, Evangelistensymbole und Sternzeichen. In die Türpfosten sind zwei Por-

Mittelalterliche Ritterspiele, hier Ringelstechen, zählen zu den Höhepunkten der Giostra della Quintana in Foligno

träts eingemeißelt, die als Kaiser Friedrich Barbarossa und Bischof Anselmo degli Atti gedeutet werden. Beachtenswert sind ferner die gotischen Rosetten und Maßwerkfenster. Der **Innenraum** mit seinen Renaissancepfeilern und dem Altartabernakel im Stile Gian Lorenzo Berninis wirkt fast römisch. Im linken Querhaus erinnert eine Kopie an Raffaels berühmte ›Madonna di Foligno‹ (Original: Rom, Vatikanische Museen). Von hier gelangt man in die *Cappella del Sacramento* (1527), einen bemerkenswerten Zentralbau von Antonio da Sangallo d. J. In der Sakristei werden zwei Marmorbüsten der Familie Roscioli aufbewahrt, die man Bernini zuschreibt.

Der an der Ecke zur Via Gramsci gelegene **Palazzo Trinci**, Mitte des 19. Jh. mit einer klassizistischen Fassade versehen, hat im Laufe der Jahrhunderte schon einiges ertragen müssen. 1389–1407 als einer der ersten großen Familienpaläste Italiens erbaut, wurde er im 19. und 20. Jh. mehrmals durch Erdbeben beschädigt sowie 1944 durch Fliegerbomben getroffen. Heute beherbergt er zwei Museen: die **Pinacoteca Civica** mit Gemälden des 14.–16. Jh. und das **Museo Archeologico** (beide: Tel. 0742330584, Di–So 10–19 Uhr). Die *Palastkapelle* beeindruckt durch einen 1424 von Ottaviano Nelli geschaffenen Freskenzyklus mit Darstellungen aus dem Leben Mariä. Weitere Räume, so die um 1420 von einem unbekannten Künstler freskierte *Sala delle Arti Liberali e dei Pianeti* (Saal der Freien Künste und der Planeten), zeigen ebenfalls interessante Bildprogramme.

Die Südseite der Piazza della Repubblica wird von der klassizistischen Säulenfassade des bombastischen **Palazzo Comunale** dominiert. Einen überragen-

Im Boden versunken – der Eingang von S. Maria Infraportas liegt unterhalb des heutigen Straßenniveaus

den Akzent im Architekturensemble setzt die alte *Torre Comunale*, der im 15. Jh. errichtete Stadtturm.

Über die *Via Gramsci* und die rechts abzweigende Via Scuola Arte e Mestieri gelangt man zur **Chiesa San Nicolò**, die Werke des führenden Künstlers der Schule von Foligno, Nicolò di Liberatore, gen. *Alunno* (um 1430–1502), bewahrt. Rechts hängt einer seiner Flügelaltäre, den die Franzosen 1812 verschleppten und 1817 zurückgaben, allerdimgs ohne die Predella, die heute im Pariser Louvre hängt. Ein weiteres Gemälde Alunnos, die ›Anbetung des Christuskindes‹, zeigt im Hintergrund eine Stadtansicht von Foligno.

Am Ende der Via Gramsci stößt man auf die älteste Kirche der Stadt, . Mit ihrer Vorhalle und der weiß-rot-gebänderten Fassade ist **S. Maria Infraportas** der Blickfang der Piazza San Domenico. Um 1100 errichtet, liegt sie heute etwas tiefer als das Bodenniveau. Den Innenraum bedecken weitere Fresken der folignatischen Schule.

Ein Aufenthalt in Foligno lohnt besonders im Juni anlässlich der **Giostra della Quintana**. Dieses Turnier, bei dem zehn Reiter aus den zehn Stadtteilen in einem Ringelstechen gegeneinander antreten, ist das größte und beliebteste Ritterfestival Umbriens. Zur Einstimmung auf den Turniertag werden u. a. ein öffentliches Festessen auf der Piazza della Repubblica und ein Umzug in historischen Kostümen veranstaltet.

TOP TIPP

Im August/September findet dann das **Festival Segni Barocchi** statt mit Konzerten, Theateraufführungen, Kostümparaden, Ausstellungen etc., die auf das Zeitalter des Barock Bezug nehmen.

i Praktische Hinweise

Information

IAT, Corso Cavour 126, Foligno, Tel. 07 42 35 44 59, Fax 07 42 34 05 45, www.foligno.com

Hotel

*****Villa Roncalli**, Viale Roma 25, Foligno, Tel. 07 42 39 10 91, Fax 07 42 39 10 01. Stilvoll schlafen und erlesen speisen in einer Jugendstilvilla. Das schönste Hotel der Stadt.

Restaurants

Il Bacco felice, Via Garibaldi 73, Foligno, Tel. 07 42 34 10 19. Enoteca mit riesiger Weinauswahl und traditionellen Hülsenfrüchtesuppen (Mo geschl.).

Le Mura, Via Mentana 25, Foligno, Tel. 07 42 35 46 48. Dieses Restaurant hat sich der Wiederbelebung der Barockküche verschrieben: Hier gibt es köstliche Pasteten (Di geschl.).

Baukastensystem – die einzelnen Säulchen und Bogenstücke des Kreuzgangs wurden in Rom vorgefertigt und in der Abbazia di Sassovivo zusammengesteckt

18 Abbazia di Sassovivo

Meditieren in einer verlassenen Abtei.

Grüne Bergwälder, Klöster, naturverbundene Abgeschiedenheit: Rund um die Abbazia di Sassovivo werden diese Umbrien-Klischees wahr. Bereits um das Jahr 1000 hatten sich Benediktinermönche am *Monte Cologna* niedergelassen. Von Foligno aus ist die auf 520 m Höhe gelegene verlassene Abtei in östlicher Richtung über eine Stichstraße von 4 km (N 77) zu erreichen. Heute finden hier während der Sommermonate Meditationskurse statt. Hauptsehenswürdigkeit des alten Klosters ist der um 1230 entstandene und 1998 wegen Erdbebenschäden restaurierte romanische **Kreuzgang**. Der Baumeister und Steinmetz *Pietro di Maria* fertigte in Rom die 128 Säulchen und 58 Bogenstücke an, die dann in Sassovivo zusammengesetzt wurden. Die Doppelstellung der Säulen und die Spiralmusterung ihrer Schäfte erinnern an römische Kreuzgänge, wie z. B. in San Paolo fuori le Mura.

In **Fontanelle**, im Tal unterhalb der Abtei, wird eines der besten umbrischen Mineralwasser abgefüllt. Das Sassovivo (›lebendiger Fels‹) kann man direkt an der Quelle kaufen. Ganz in der Nähe der Abtei liegt auch **Pale**, das einst für seine Papiermühlen berühmt war. Wanderfreunde können von hier in etwa 30 Min. die an einem Fels klebende Einsiedelei **S. Maria in Giacobbe** erreichen.

19 Bevagna

TOP TIPP *Hier predigte der hl. Franziskus einstmals zu einer Vogelschar.*

Bevagna war Schauplatz der Vogelpredigt des hl. Franziskus. Seit dieser Zeit scheint sich hier nicht viel verändert zu haben. Die Piazza Silvestri jedenfalls hat ihr authentisches Mittelalterflair durch die Jahrhunderte gerettet.

Geschichte In der Antike profitierte **Mevania** von seiner Lage an der Via Flaminia, deren Trasse im Ortsbereich noch heute durch den *Corso* markiert wird. Als eine der letzten Städte Umbriens wurde Bevagna zum Christentum bekehrt, ihr erster Bischof, der *San Vicenzo*, starb um 300 während der Christenverfolgungen unter Diokletian den Märtyrertod. Im Mittelalter verwüsteten staufische Truppen die freie Kommune gleich zweimal, 1152 und 1249. Die bis heute unversehrte **Stadtmauer** mit sechs Toren entstand im 12. Jh., als Bevagna unter den politischen Einfluss von Foligno geriet. Heute lebt der 4500 Einwohner zählende Ort hauptsächlich von Oliven- und Weinanbau sowie vom Tourismus. Das früher blühende Handwerk der Hanfseilwinderei ist fast völlig zum Erliegen gekommen. Lediglich beim *Mercato delle Gaite*, einem urigen Mittelalterkostümfest im Juni, lässt man diese Tradition wieder aufleben.

Bevagna – der Duomo San Michele ist nur eine von drei mittelalterlichen Kirchen auf der Piazza Silvestri

Besichtigung Der Akkord dreier mittelalterlicher Kirchen dominiert die *Piazza Silvestri*. Allein die geballte steinerne Wucht ihrer Fassaden macht die Besichtigung der Platzanlage zu einem Erlebnis. Die Schäden, die das Erdbeben von 1997 an den Bauten anrichtete, sind auch hier längst behoben.

Der **Duomo San Michele** (Ende 12. Jh.) wurde in den klaren blockhaften Proportionen umbrischer Romanik von den Baumeistern *Rodulfus* und *Binellus* erbaut. Im

Innenraum, aus dem die Barockverkleidung entfernt wurde, fällt die hoch gelegene Altarzone auf, ein typisches Merkmal umbrischer Romanik.

Bereits 1195 hatte Binellus gegenüber vom späteren Dom eine erste Kirche errichtet, **San Silvestro**. Sehenswert sind die Kampfszenen mit Drachen und Löwen am Portal. Die dritte im Bunde der mittelalterlichen Kirchen ist **San Domenico**, die im 14. Jh. entstand. Im Innenraum erzählen Fresken das Leben des Ordensgründers Dominikus.

An der Nordseite schließt der **Palazzo dei Consoli** mit Freitreppe den Platz ab. Hier sind die Touristeninformation und das seit 1866 bestehende, allerdings meist geschlossene Theater untergebracht.

Beim Spaziergang durch den stillen Ort lässt sich manche Entdeckung machen, etwa der öffentliche Waschplatz bei der Porta Todi (hinter San Silvestro), der noch heute benutzt wird, oder verbaute Reste eines römischen Podiumtempels an der Piazza Garibaldi. In der Via Guelfa Nr. 2 ist ein römisches Schwarz-Weiß-Mosaik mit Meeresungeheuern freigelegt worden, und bei der Kirche San Francesco folgen die Gassen noch den Kurven des römischen Amphitheaters.

i Praktische Hinweise

Unterkünfte

Il Calesse, Via San Giovanni 32, Fraz. Torre del Colle, Bevagna, Tel. 07 42 36 06 60. Auf diesem alten Bauernhof wird alles selbst gezogen, von Linsen bis zu Lämmern, von Wein bis zum Schwein. Sechs Apartments mit Halbpension.

Monastero S. Maria del Monte, Corso Matteotti 15, Bevagna, Tel. 07 42 36 01 33, Fax 07 42 36 01 35. Schlichte Zimmer in einem benediktinischen Nonnenkloster.

Restaurants

La Vecchia Cucina, Via delle Scuole 6, Loc. Marcellano, Gualdo Cattaneo, Tel. 074 29 72 37. Hier werden die Nudeln noch hausgemacht. Und als zweiten Gang gibt es Wildschwein oder Schmorlamm. Das Restaurant lohnt den Abstecher von etwa 10 km (Mo geschl.).

Ottavius, Via Gonfalone 4, Bevagna, Tel. 07 42 36 05 55. Gnocchi al Sagrantino oder Fleisch vom Holzkohlenrost in Räumen des 17 Jh. (Mo geschl.).

20 Montefalco

TOP TIPP *Brombeerroter Sagrantino auf dem ›Balkon Umbriens‹.*

Montefalco, ein Name der die Augen von Rotweinkennern leuchten lässt. Doch abgesehen von der Verkostung des hochgeschätzten unverschnittenen **Sagrantino** hat das abgeschiedene und wohlkonservierte Städtchen noch einige andere Highlights zu bieten: einen traumhaften Rundblick auf die *Valle Umbra* und die

Auf den Hügeln rund um die Weinstadt Montefalco wachsen Oliven, aber auch die Trauben für den berühmten Sagrantino

Schlüsselerlebnis – mit der Lossagung von seiner Familie ist der hl. Franziskus frei für seine wahre Bestimmung. Fresko von Benozzo Gozzoli, Museo di San Francesco, Montefalco

Monti Martani, der den Ehrentitel ›Ringhiera Umbra‹ (Balkon Umbriens) vollauf rechtfertigt, sowie eine der besten Gemäldesammlungen der Region.

Geschichte Das seit der Römerzeit besiedelte **Coccorone** wurde 1249 durch Truppen *Friedrichs II.* zerstört. Aufgrund des Falkenreichtums der nahen Martanischen Berge nannte man den wieder aufgebauten Ort Montefalco. 1320–55 ließen die *Päpste* das Herzogtum Spoleto von hier aus verwalten. Der in dieser Zeit von Maitani errichtete Papstpalast ist nicht mehr erhalten. Einem Intermezzo der Familie *Trinci* aus Foligno 1383–1439 folgte die neuerliche Inbesitznahme durch die Kirche. Bis heute hat sich der Ort seinen mittelalterlichen Charme unverfälscht bewahren können.

Besichtigung Von der Porta Sant' Agostino führt der steile Corso Mameli bergauf zum Hauptplatz, der weiten und etwas öden fünfeckigen *Piazza del Comune*, an der sich mehrere Weinläden angesiedelt haben. Der riesige, 1270 entstandene **Palazzo Comunale** beherrscht mit seiner sechsbogigen Loggia den Platz. An der in der Renaissance angefügten Bogenstellung prangt das Stadtwappen von Montefalco: ein Falke über sechs Bergen.

Wenige Schritte weiter auf der Via Ringhiera Umbra liegt rechts die reich freskierte frühere Kirche San Francesco. Seit 1895 zeigt hier das **Museo Civico di San Francesco** (Tel. 07 42 37 95 98, April–Okt. tgl. 10.30–13, 14–18 Uhr, Nov.–März Di–So 10.30–13, 14.30–17 Uhr) eine der schönsten kleineren Gemäldesammlungen Umbriens. Beim Erdbeben 1997 wurde der Bau leicht beschädigt, die Franziskus-Fresken des Florentiners *Benozzo Gozzoli* (1420–1497) in der Apsis der einstigen Kirche blieben jedoch zum Glück unversehrt. Gozzolis märchenhaft gefärbte Renaissance-Interpretation der Heiligenvita bildet ein reizvolles Kontrastprogramm zu Giottos Bildern in Assisi: Höhepunkte des zwölfteiligen Zyklus sind die analog zur Darstellung der ›Geburt Christi‹ im Stall angesiedelte Geburt des Heiligen, die ›Vogelpredigt‹ mit einer Montefalco-Vedute und der grüne Palazzo aus dem ›Traum Innozenz III.‹ Zur Freskenausstattung der Kirche gehört auch eine ›Anbetung der Hirten‹ von *Perugino*. Daneben sind die zahlreichen Gemälde der *Schule von Foligno* (14.–16. Jh.) sehenswert, darunter Arbeiten des aus Montefalco stammenden *Francesco Melanzio*.

Top Tipp

Weitere Kirchen sind in der Unterstadt zu besichtigen. Durch die *Porta Federico II*, einem mit staufischem Doppeladler ge-

Selbstbewusst verewigte sich der umbrische Maler Pinturicchio in der Cappella Baglioni im Dom von Spello

Land der Maler

Umbrien galt lange als provinziell, gleichwohl entstanden hier Bildwerke von Weltrang. Bemerkensweert sind schon die frühen spoletinischen Triumphkreuze, große Initialzündung für die Malerei aber war der Bau der Basilica San Francesco in Assisi, für deren Ausschmückung die führenden Maler Italiens engagiert wurden, Toskaner wie **Cimabue** und **Giotto**, **Pietro Cavallini** und die Römische Schule sowie **Pietro Lorenzetti** und **Simone Martini**, die die elegant-höfischen Tendenzen der Kunst Sienas vertraten. Mit mit dem intensiven Austausch lokaler Bildtraditionen in Assisi begann der furiose Sturmlauf der italienischen Malerei hin zur Renaissance. Die **Umbrische Schule** trug ihren Teil dazu bei. Besonders Perugia etablierte sich als Kunstmetropole und gab mit einer Malertrias der Frührenaissance entscheidende Impulse. **Perugino**, der äußerst produktive Lehrer Raffaels, besticht durch klare Kompositionen und zarte umbrische Fantasielandschaften. **Pinturicchio** mit seinen Märchenbildern schaffte den Sprung nach Rom als päpstlicher Hofmaler. Und der umbrisch geschulte **Raffael** galt jahrhundertelang als der größte Maler der Geschichte. Sein Frühwerk lässt sich in Città di Castello und der Kirche San Severo in Perugia studieren. Ungefähr zur gleichen Zeit schuf **Luca Signorelli** in Orvieto die Weltgerichtsfresken, die Michelangelos künstlerische Entwicklung stark beeinflussen sollten.

schmückten Stadttor, erreicht man die reizvolle Chiesa **S. Chiara**. Die der hl. Klara von Montefalco, einer stigmatisierten Augustinerin, geweihte Barockkirche birgt ein Kleinod des 14. Jh.: Die *Cappella di S. Croce* war ursprünglich der Chor der 1303 errichteten Vorgängerkirche und birgt eine große sienesische ›Kreuzigung‹ von 1333 mit 45 Figuren.

Am Ende der Via Verdi, außerhalb der Stadtmauern, liegt die stimmungsvolle **Pieve S. Fortunato** von 1442. Für diese ländliche Pfarrkirche malte *Benozzo Gozzoli* u. a. ›Maria mit Kind und den hll. Franziskus und Bernhardin‹, das Fresko (1512) der Rosenkapelle mit dem sich nackt in den Dornen wälzenden Franziskus stammt von der Hand *Tiberio d'Assisis*.

i Praktische Hinweise

Hotels

****Ringhiera Umbra**, Via Mameli 20, Montefalco, Tel./Fax 07 42 37 91 66, www.ringhieraumbra.com. Kleiner Familienbetrieb an der Hauptstraße mit Metzgerei und Restaurant. Hauseigene Wein-, Olivenöl- und Schinkenherstellung.

Casa Matilde, Torregrosso 41, Castel Ritaldi, Tel. 074 35 13 12, casamatilde@libero.it. Nette Privatzimmer in einem kleinen mittelalterlichen Borgo 20 km südlich von Montefalco.

Restaurants

Coccorone, Largo Tempestivi, Montefalco, Tel. 07 42 37 95 35. Das gehobene Speiselokal bietet u. a. Filet mit Sagrantino und geröstetes Lamm (Mi geschl.).

Rocca dei Fabbri, Loc. Fabbri, Montefalco, Tel. 07 42 39 93 79. Die einzige Adresse, bei der man ohne Vorbestellung Sagrantino direkt beim Hersteller verkosten kann.

21 Trevi

TOP TIPP *Das Kleinod unter den Bergstädtchen der Valle Umbra.*

Als eine der Traumkulissen Umbriens ist Trevi ein beliebter Zwischenstopp von der Schnellstraße aus. Wer den gewundenen Weg zwischen silbern flirrenden Olivenhainen hinauffährt, erlebt einen kleinen, stillen Ort, der nur in den Sommermonaten und bei der **Sagra del Sedano Nero** im Oktober, einem großen

Frühlingsrausch und Klatschmohn – aus grünen Feldern und Wiesen erhebt sich Trevi, das schönste unter den zahlreichen Bergstädtchen der Valle Umbra

Markt mit Volksfest, aus dem Dornröschenschlaf erwacht. Hier gibt es den berühmten zarten Stangensellerie Trevis mit Olivenöl zu kosten, aber auch Bauernwurst und andere Köstlichkeiten.

Beliebter Treffpunkt ist die Piazza Mazzini. Hier steht unter der Loggia des **Palazzo Comunale** (14. Jh.) ein riesiges antikes Ölfass. Der **Duomo**, an der höchsten Stelle des Ortes errichtet, ist dem armenischen Märtyrer *Sant'Emiliano* geweiht. Im Inneren entdeckt man die Marterwerkzeuge des Heiligen. Nur zu Aufführungen geöffnet ist leider das **Teatro Clitunno**. Den Bühnenvorhang ziert eine bezaubernde Historienmalerei des Umbrers *Domenico Bruschi* (1840–1910), ›Kaiser Caligula befragt das Clitumnusorakel‹. Ein Spaziergang unter schattigen Maronen vom Parkplatz Piazza Garibaldi zur kleinen **Chiesa San Martino** bietet schließlich herrliche Blicke nach Spello und Assisi.

i Praktische Hinweise

Hotels

*****Trevi Hotel**, Via Fantosati 2, Trevi, Tel. 07 42 78 09 22, Fax 07 42 78 07 72. Kleines behagliches Hotel im Ort.

****Il Terziere**, Via Salerno 1, Trevi, Tel. 074 27 83 59. Acht Zimmer und Hausmannskost inmitten von Olivenhainen. Man serviert Kaninchen mit Oliven und selbst gemachte *Crostata*, Marmeladentorte (Restaurant Mi geschl.).

22 Tempio del Clitunno

TOP TIPP

Kein Tempel, sondern eine aus antiken Bauteilen zusammengesetzte frühchristliche Kirche.

Im 18. und 19. Jh. war die viersäulige Front des Clitumnus-Tempels südlich von Trevi ein Bestseller unter den Italienveduten, in Tausenden und Abertausenden von Stichen vervielfältigt. Denn für die Reisenden jener Tage war er schlichtweg der erste Tempel, den sie auf dem Weg nach

Reisende früherer Jahrhunderte hielten den Tempio del Clitunno, eine frühchristliche Kirche, noch für einen antiken Tempel

Rom erblickten. Das ideale Souvenir und doch eine Täuschung, denn die vermeintliche antike Kultstätte des Quellgottes Clitumnus ist – eine frühchristliche **Kirche** (April–Okt. tgl. 8.45–19.45 Uhr, Nov.–März 8.45–17.45 Uhr). Die Langobarden aus dem nahen Spoleto haben sie im 6./7. Jh. aus antiken Spolien errichtet und mit einer christlichen Inschrift geschmückt. Die Wandmalereien im Inneren der Kirche werden ins 8. Jh. datiert .

Südlich des Tempels sprudeln in einem Zypressenhain unentwegt die **Fonti del Clitunno**, deren schneekühles Wasser schon *Plinius* und *Vergil* gepriesen hatten. Und italienische Schüler lernen noch heute den Clitumnus-Hymnus des Nobelpreisträgers Giosuè Carducci (1835–1907) auswendig, der mit »Salve Umbria verde …!« beginnt. Gourmets hingegen werden hier bei getrüffelten Forellen aus dem Fischzuchtbecken auf ihre Kosten kommen.

i Praktische Hinweise

Hotel

Vecchio Mulino, Campello sul Clitunno, Tel. 07 43 52 11 22, Fax 07 43 27 50 97. Wunderschöne Unterkunft in einer restaurierten Wassermühle direkt unterhalb des Tempels (Nov.–März geschl.).

Restaurants

Da Piero il Palazzaccio, Ex-Statale 134, Campello sul Clitunno, Tel. 07 43 52 01 68. Eines der besten Restaurants Umbriens. Präsentiert werden u. a. Artischocken-Ravioli, traumhaftes *Pollo alla Cacciatora* (Jägerhuhn) und geröstetes Kalbfleisch (Mo geschl.).

Parco del Clitunno, Ex-Statale 3, Campello sul Clitunno, Tel. 07 43 52 10 52. Einfaches volkstümliches Gartenlokal direkt bei den Fischzuchtbecken. Fangfrischer Fisch, Forellennudeln und Süßwasserkrabben (Di geschl.).

23 Spoleto

Plan Seite 88

Im Sommer lockt das größte Festival Umbriens Musikliebhaber aus aller Welt nach Spoleto.

»Lieber wäre ich Küster Klimm in Norwegen als Erzbischof zu Spoleto«, hatte einst Johann Gottfried Seume geschmäht. Da hat sich einiges geändert. Noch immer ist Spoleto der knorrigste, dunkelste und steilste der umbrischen Orte. Aber seit der in New York lebende italienische Opernkomponist Giancarlo Menotti hier 1958 das **Festival dei due Mondi** (Juni/Juli, www.spoletofestival.it) begründete, hat es sich zu einem Kultort umbrischen Lifestyles entwickelt. Der großzügige Domplatz mit der glitzernden Mosaikfassade der Kirche, die luxuriösen Antiquitätengeschäfte, die vorzüglichen Trüffeltrattorien und die *Passeggiata* zum gigantischen Aquädukt sind die bevorzugten Schauplätze der Schönen und Schicken.

Geschichte 241 v. Chr. bauten die Römer die alte umbrische Siedlung **Spoletium** zu einer starken Festung aus, die den Somma-Pass kontrollierte. Nur wenige Jahre später, 217 v. Chr., biss sich sogar *Hannibal* an den Mauern der hoch über dem Tessino-Fluss aufragenden Stadt die Zähne aus. Die starken antiken Mauern und ihre strategische Position machten Spoleto auch während der Völkerwanderung zu einem wichtigen Zentrum. Die *Langobarden* ernannten es 571 zur Hauptstadt eines Ducato (Herzogtum), zwei ihrer Fürsten, Guido und Lambert, brachten es im 9. Jh. gar zu Kaisern. Erst 1155 brach *Friedrich Barbarossa* die Macht Spoletos und zerstörte die Stadt, die sich 1198 dem Papst unterstellte. Von der Zitadelle Rocca Albornoz wurde in den folgenden Jahrhunderten ganz Umbrien regiert, u. a. 1499 von Lucrezia Borgia. Und die vielen Barockbrunnen künden vom Glanz des nahen Rom: Immerhin war *Urban VIII.*, der bauwütige Barberini-Papst mit dem Bienenwappen, einst Erzbischof von Spoleto.

Oberstadt

Der Besuch der steilen und verwinkelten Oberstadt beginnt an der *Piazza della Libertà*, wo sich auch das Tourismus- und Festivalbüro befindet. Der **Palazzo Ancaiani** ❶, der den Platz im Süden begrenzt, wurde im 17. Jh. über den Bögen des **Teatro Romano** ❷ errichtet. Das 3000 Zuschauer fassende Theater aus dem 1. Jh. n. Chr., 1954 von Teilen der mittelalterlichen Bebauung befreit, gehört heute zu den stimmungsvollsten Aufführungsorten des Festival dei due Mondi. Im ebenfalls über dem Theaterkomplex errichteten Klosters Sant'Agata (11. Jh.) präsentiert das **Museo Archeologico Nazionale di Spoleto** ❸ (Tel. 07 43 22 32 77, www.archeopg.arti.beniculturali.it, tgl. 8.30–19.30 Uhr) Funde aus Spoleto und Umge-

bung, darunter eine ›Inkunabel der Umweltschutzgesetzgebung‹: Die *Lex Spoletina*, zwei Gesetzestafeln von 241 v. Chr., stellte das Abholzen der Bäume in den heiligen Wäldern des Monteluco unter Strafe. Die Sammlung präsentiert außerdem römische Porträtköpfe, u. a. von Augustus und Caesar (?), sowie Vasen, Votivgaben und Funde aus den Nekropolen der Valnerina.

Vom Museum geht es steil bergauf über die Piazza Fontana zum Gelände des einstigen römischen *Forums*. Den Eingang zum antiken Marktplatz bildete der heute etwas in die Straße eingesunkene **Arco di Druso** 4, der 23 n. Chr. vom Stadtsenat für Drusus und Germanicus (den leiblichen Sohn und den Adoptivsohn von Kaiser Tiberius) gestiftet wurde. Die flankierende Chiesa **Sant'Ansano** 5 entstand über den Fundamenten eines römischen Tempels, antike Bauteile sind in ihrem Mauerwerk zu erkennen. Im Inneren kann die mit Fresken geschmückte Krypta *Sant'Isacco* (12. Jh.) besichtigt werden.

Auf der nahe gelegenen *Piazza del Mercato* wird vormittags ein malerischer

Oben: *Das umbrische Salzburg – Stadtbild von Spoleto mit der beherrschenden Rocca Albornoz und herrlicher Bergkulisse*
Unten: *Ein schöner Wandbrunnen und nette Cafés bilden die Anziehungspunkte der zentralen Piazza del Mercato*

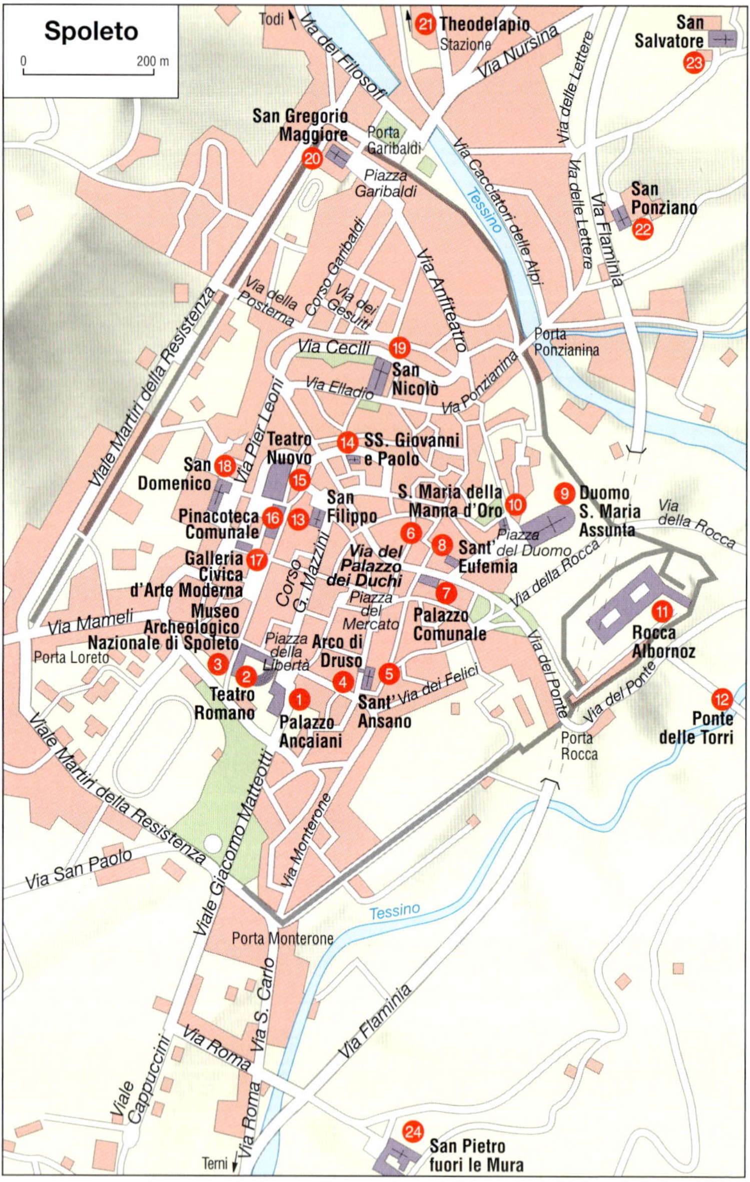

Markt abgehalten. Ein Blick auf das Bienenwappen Urbans VIII. am barocken Marktbrunnen, dann geht es weiter zu den edlen Antiquitätengeschäften der **Via del Palazzo dei Duchi** 6. Die mittelalterlichen Läden besitzen noch die damals üblichen gemauerten Verkaufstresen. Rechts führt die Via Saffi zum großen mittelalterlichen **Palazzo Comunale** 7, der nach einem Erdbeben um 1780 eine neue Fassade erhielt. Unter der rechten Flanke des Gebäudes wurden 1885–1914 die Reste eines römischen Hauses des pompejanischen Typs, heute **Casa Romana** (Mitte März–Mitte Okt. tgl. 10–13, 15–18.30 Uhr, sonst Mi–Mo 10–18 Uhr) genannt, ausgegraben. Offensichtlich waren die Wohnräume einst um einen zentralen Innenhof gruppiert. Die Fußbodenmosaike datieren den Bau in das 1. Jh. n. Chr. Das Haus soll einst Polla, der Mutter Kaiser Vespasians, gehört haben.

Im Zentrum des Geschehens – Fra Filippo Lippi bemalte die Apsis des Doms von Spoleto mit Szenen aus dem Marienleben (1467–69), hier die Krönung der Muttergottes

Gegenüber des Palazzo Comunale kann man die in einem Innenhof des Erzbischöflichen Palais' stehende Chiesa **Sant' Eufemia** 8 besuchen. Die im 12. Jh. im lombardischen Stil errichtete dreischiffige Basilika besitzt in ihrem Inneren ein Emporengeschoss – in Umbrien eine absolute Seltenheit.

Elegant führt die Treppe der Via dell' Arringo zum weiten Vorplatz des **Duomo S. Maria Assunta** 9 mit seinen funkelnden Mosaiken und seinem Campanile hinab. Nach der Zerstörung des alten Doms durch Kaiser Barbarossa 1155 nahm man sofort den Neubau in Angriff, der 1198 durch *Papst Innozenz III.* geweiht wurde. Die **Tafelfassade** mit ihren acht Fensterrosen gehört zu den prächtigsten Umbriens. Das Mosaik von 1207 zeigt Christus als Weltenherrscher mit Maria und Johannes. Gefertigt hat es ein *Doctor Solsternus*, der sich, wie die gereimte Inschrift zeigt, offensichtlich als ›modernus‹ empfand. Durch den Portikus – eine Zutat der Renaissancezeit – betritt man den **Innenraum**, den Papst Urban VIII. 1638 bis auf Apsis und Fußboden barockisieren ließ. Die Büste dieses Mäzens Spoletos, gemeißelt von keinem Geringeren als *Gian Lorenzo Bernini*, ist über dem Ein-

In die Zange genommen – die mittelalterliche Bebauung Spoletos nahm nur wenig Rücksicht auf den römischen Arco di Druso

gangsportal zu sehen. Mäzene der heutigen Zeit haben dafür gesorgt, dass ein kostbares Frühwerk der italienischen Malerei restauriert wurde und nun in der ersten Kapelle links ausgestellt werden kann: Das bemalte **Triumphkreuz** (1187) von *Albertus Sotius* dokumentiert die Anfänge der eigenständigen umbrischen Kunst. Man beachte den traditionellen byzantinischen Gesichtsschnitt des aufrecht stehenden Gottessohnes.

Das **Marienleben** in der Domapsis hat *Fra Filippo Lippi*, Metzgerssohn, Mönch, heißblütiger Nonnenverführer und Lehrer Botticellis, als sein letztes Werk 1467–69 geschaffen. Nach seinem Tod wurde der Zyklus von seinen Schülern *Fra Diamante* und *Pier Matteo d'Amelia* fertig gestellt. Die Szenen reichen von der ›Verkündigung‹, über den ›Marientod‹ und die ›Himmelfahrt Mariä‹ bis zur ›Marienkrönung‹ in der Kalotte. Auf der rechten Seite der Sterbeszene kann man die Porträts des Malers, seines Nonnensohnes Filippino sowie seiner beiden Mitarbeiter entdecken.

Die byzantinische *Ikone* in der rechten Chorkapelle war ein Geschenk des alternden Barbarossa im Jahre 1185 – als Wiedergutmachung für die Zerstörungen, die er in der Stadt angerichtet hatte. Im rechten Querarm ist Filippo Lippi in einem *Humanistengrab* bestattet, das von Lorenzo de' Medici in Auftrag gegeben wurde. Das *Altarbild* ›Madonna mit Kind und Heiligen‹ schuf Annibale Carracci. Die beiden *Kapellen* des Bischofs Eroli gleich rechts beim Eingang wurden von Pinturicchio, Jacopo Siciliano und den Veroneser Brüdern Torresani ausgemalt. Zentrales Thema ist die ›Himmelfahrt des Propheten Elias‹.

Schräg gegenüber, an der nördlichen Seite der Piazza del Duomo, wurde nach der Plünderung Roms 1527 eine Votivkirche errichtet. **S. Maria della Manna d'Oro** (10) ist ein Zentralbau im Stile Bramantes. Nebenan stößt man auf einen der Schauplätze des Festival dei due mondi, das *Teatro Caio Melisso*, das im 17. Jh. in den Palazzo della Signoria eingebaut wurde, sowie auf einen römischen *Brunnensarkophag*, der in Sommernächten Treffpunkt der Spoleter Jugend ist.

Über die Via Saffi geht es nun zur Piazza Campello, an der ein riesiger *Mascherone*, eine Barockfratze, einem Brunnen Wasser spendet. Hier beginnt auch die schöne *Passeggiata* um die 1367 von Gattapone für den kriegerischen Kardinal Albornoz geschaffene **Rocca Albornoz** (11) (Tel. 07 43 22 30 55, Mitte Juni–Mitte Sept. tgl. 10–20 Uhr, Nov.–Mitte März Mo–Fr 14.30–17 Uhr, Sa/So 10–17 Uhr, sonst

Auch ein Goethe irrt sich mal – der von dem Dichter als Meisterwerk der antiken Ingenieurbaukunst gerühmte Aquädukt von Spoleto, der Ponte delle Torri (rechts), stammt in Wirklichkeit aus dem finsteren Mittelalter. Links thront die mächtige Rocca Albornoz

Mo–Fr 10–12, 15–19, Sa/So 10–19 Uhr, Führungen zur vollen Stunde). Die imposante von sechs Türmen gekrönte Festung war über Jahrhunderte Sitz der päpstlichen Gouverneure, 1499 residierte hier Lucrezia Borgia, die Herzogin von Spoleto. 1860 verteidigten katholische Iren die Rocca vergebens gegen die Truppen Italiens, danach fungierte sie als Kerker. In der restaurierten Anlage ist heute das **Museo Nazionale del Ducato** untergebracht. Die Exponate dokumentieren die Entwicklung des Herzogtums bis ins 16. Jh.

Auf der Rückseite der Rocca kann man ein technisches Wunderwerk des Mittelalters bestaunen. Der gigantische, zehnbogige, 80 m hohe und 230 m lange Acquedotto **Ponte delle Torri** (TOP TIPP) 12, der die Tessino-Schlucht überspannt, wurde ebenfalls von dem Tausendsassa Gattapone errichtet. Goethe hielt den Riesenbau übrigens noch für antik.

Unterstadt

Von der Piazza della Libertà führt der breite *Corso Giuseppe Mazzini* in die Unterstadt, zur Barockkirche **San Filippo** 13. Für die Sakristei schuf der Bolognese Alessandro Algardi eine Marmorbüste des hl. Filippo Neri. Ein Altar im linken Querarm besitzt grünliche Marmorsäulen vom Clitumnus-Tempel. Nahebei, im Gassengewirr jenseits der Piazza Mentana, steht die kleine Chiesa **SS. Giovanni e Paolo** 14 (Via Valerio Corvino). Sie wurde 1174 geweiht und birgt kostbare Fresken, darunter die ›Ermordung des hl. Thomas Becket im Dom von Canterbury‹, die kurz nach seiner Kanonisierung 1173 entstanden sein dürfte. Eine weitere Besonderheit, bemalte umbrische Bühnenvorhänge des 19. Jh., präsentiert das 1854–64 erbaute **Teatro Nuovo** 15. Eines der Schmuckstücke stellt die ›Flucht Hannibals vor Spoleto‹ dar. Im Palazzo Rosari-Spada zeigt die **Pinacoteca Comunale** 16 (Corso Mazzini, Tel. 074 34 64 34, Mitte März–Mitte Okt. tgl. 10.30–13, 15–18.30 Uhr, sonst Mi–Mo 10.30–13, 14.30–18 Uhr) Kunst und Kunsthandwerk vom Mittelalter bis ins 19. Jh., darunter eine Sammlung früher umbrischer Triumphkreuze.

Die **Galleria Civica d'Arte Moderna** 17 (Tel. und Öffnungszeiten wie Pinacoteca) im Palazzo Collicola an der gleichnamigen Piazza zeigt Werke, die im Zusammenhang mit dem zwischen 1953 und 1968 jährlich ausgeschriebenen Kunstpreis ›Premio Spoleto‹ entstanden sind. Ferner

Altehrwürdig – die Chiesa San Gregorio Maggiore in der Unterstadt von Spoleto

werden Arbeiten des aus Spoleto stammenden Bildhauers *Leoncillo Leonardi* (1915–1968) präsentiert.

In der Via Pier Leoni stößt man auf die schwarz-rosa gestreifte einschiffige Chiesa **San Domenico** 18, die in ihrem Inneren interessante Fresken bewahrt. Gleich rechts ist der ›Triumph des hl. Thomas von Aquin‹ dargestellt. Der lesende Orientale zu Füßen des dominikanischen Kirchenlehrers spielt auf eines seiner Hauptwerke an, die Widerlegung des Islam in der 1261–64 verfassten ›*Summa contra gentiles*‹. In einer der Langhauskapellen auf der linken Seite kann man einige Stadtansichten Spoletos aus der Barockzeit bewundern.

Die baumbestandene *Via Cecili* bietet Gelegenheit, die antike *Stadtmauer* zu begutachten, deren unteren Blöcke aus dem 4. Jh. v. Chr. stammen. Unweit, in der Via Gregorio Elladio, steht die Chiesa **San Nicolò** 19, die Martin Luther 1512 während eines Spoleto-Aufenthaltes besuchte. Heute dient sie als Konzertsaal.

An der Piazza Torre dell'Olio erhebt sich die *Torre dell'Olio* aus dem 13. Jh., von dem kochendes Öl auf Feinde geschüttet wurde. Der Weg durch die nahe Porta Fuga (13. Jh.) führt zur Piazza Garibaldi mit der Kirche **San Gregorio Maggiore** 20.

San Pietro fuori le Mura und die Weinberge

Ihr Campanile ruht auf antiken Fundamenten. Die 1079–1146 erbaute Basilika mit erhöhter Chorpartie ist ein Musterbeispiel umbrischer Romanik.

Wer moderne Kunst schätzt, pilgert über den Tessino-Fluss auf der Viale Trento e Trieste zum **Theodelapio** 21, einer 18 m hohen Eisenplastik, die der gefeierte amerikanische Neokonstruktivist *Alexander Calder* 1962 aufstellte.

Von hier aus erreicht man in 15 Min. zwei wichtige, außerhalb der Stadt gelegene Kirchen. **San Ponziano** 22, im 12. Jh. errichtet, erinnert an den Stadtpatron von Spoleto und Utrecht, der hier im Jahr 175 das Martyrium erlitt. Die schlichte Fassade mit Dreiecksgiebel wird von Eckpilastern gerahmt. Um die Fensterrosette sind Evangelistensymbole arrangiert. Der Innenraum wurde 1788 klassizistisch umgestaltet, die fünfschiffige Krypta bewahrt noch einige interessante frühchristliche Sarkophage. Oberhalb des Friedhofs schließlich liegt die Chiesa **San Salvatore** 23. Vermutlich wurde sie im 4. Jh. unter Verwendung zahlreicher antiker Bauteile errichtet und im 8. Jh umgebaut. Besonders der hohe Chorraum, dessen fast ausschließlich antike Bauteile trotz der nicht immer passenden Zusammensetzung grandios wirken, ist faszinierend.

Am anderen Ende der Stadt, an der Straße nach Rom, besticht die Chiesa **San Pietro fuori le Mura** 24 durch ihre reichen Fassadenreliefs. Unter den Darstellungen zum ›Weltgericht‹ fallen die des reuigen und des erstockten Sünders auf. Während letzterer in kochendes Wasser gestürzt wird, befreit Petrus den ersteren von den Höllenketten. Unter der Seelenwaage trauert der Teufel um die entgangene Seele. Des Weiteren sieht man Szenen aus Tierfabeln, darunter eine ernste Warnung für Bücherwürmer: Ein Widder entkommt einem Wolf, weil dieser in seiner Eitelkeit ein Buch zu lesen versucht.

Wer Lust auf eine Wanderung hat, sollte den 804 m hohen heiligen Berg Spoletos, den **Monteluco**, besteigen. Ein schattiger Serpentinen-

TOP TIPP

San Pietro fuori le Mura besticht durch Fassadenreliefs, besonders sehenswert ist die Darstellung eines reuigen und eines verstockten Sünders oben links

Die stimmungsvolle franziskanische Eremitei auf den Monteluco, dem heiligen Berg Spoletos, war einst Rückzugsort der Mönche

weg, der beim Aquädukt beginnt, führt in etwa 2 Std. zu Kirchen, Klausen und der Gipfelterrasse mit Kurhotels und einer franziskanischen Einsiedelei.

i Praktische Hinweise

Information

IAT, Piazza della Libertà 7, Spoleto, Tel. 07 43 23 89 20, Fax 07 43 23 89 41, www.spoletopermusei.it

Hotels

******Albornoz Palace Hotel**, Viale Giacomo Matteotti, Spoleto, Tel. 07 43 22 12 21, Fax 07 43 22 16 00. Erstes und größtes Haus am Platz, mit sehr gutem Service und schönem Blick auf die Rocca.

TOP TIPP ******Gattapone**, Via del Ponte 6, Spoleto, Tel. 07 43 22 34 47, Fax 07 43 22 34 48. Charmantes, kleines Hotel mit 16 Zimmern und Garten in der Oberstadt. Von der Terrasse hat man einen traumhaften Blick auf den Aquädukt.

Convento di Agghielli, Fraz. Pompagnano, Spoleto, Tel./Fax 07 43 22 50 10, www.agghielli.it. Nach bio-architektonischen Maßstäben restauriertes Kloster aus dem 11. Jh. mit schönen Zimmern und Restaurant.

Restaurants

Enoteca provinciale, Via Saffi 7, Spoleto, Tel. 07 43 22 04 84. Dinkelsuppe, Trüffelkäse, Norcia-Salami und die besten Weine der Region (Di geschl.).

Trattoria dell'Arco di Druso, Via Arco di Druso 25, Spoleto, Tel. 07 43 22 16 95. Die Sammlung der Festivalplakate seit 1958 gibt der Traditionsgaststätte den künstlerischen Touch (Di geschl.).

Zimmer mit Aussicht – der Blick aus den Hotelfenstern des Gattapone fällt geradewegs auf den imposanten Aquädukt

Blühender Süden – Römerruinen und Adelsvillen

Südumbrien ist noch weitgehend unberührt vom internationalen Tourismus, es gilt aber als ein beliebtes Ziel für Kurzurlauber aus Rom, die die Abgeschiedenheit der Region zu schätzen wissen. Die **Provinz Terni**, bevölkerungsärmer und wirtschaftlich schwächer als der Norden, präsentiert dafür ein geradezu süditalienisches Flair mit viel Laisser-faire. Ganz in Ruhe kann der Reisende die Adelsvillen des **Amerino** genießen, die spontane Herzlichkeit bei einem der größten umbrischen Volksfeste, der *Corsa dell'Anello* im türmereichen **Narni**, oder die romantischen römischen Ruinen von **Otricoli** und **Carsulae**. Als Krönung dann ein faszinierendes Naturschauspiel für Maler, Dichter, Wanderer und Elektroingenieure – die schäumenden Kaskaden von Terni.

24 Terni

Alte Kirchen in moderner Provinzhauptstadt.

Zugegeben, die 1943/44 von alliierten Bombenangriffen stark zerstörte Provinzhauptstadt mit 104 000 Einwohnern ist nicht gerade das, was der Umbrientourist erwartet. Aber nach den vielen ›Rothenburgs‹ der Region kann es eine Erfrischung sein, in einer Industriestadt, die ihren modernen Rhythmus lebt, auf Entdeckungstour zu gehen. Außerdem lockt in der Umgebung – verewigt durch Lord Byrons Italiengedicht ›*Childe Harold's Pilgrimage*‹– ein umbrisches Muss: die Wasserfälle von Terni.

Geschichte Die Römer nannten die wahrscheinlich schon 672 v. Chr. gegründete Siedlung des Volksstammes der Naharsker **Interamna** (›zwischen den Flüssen‹), ein Name, der sich im Laufe der Jahrhunderte zu Terni abschliff. Immerhin soll hier, was keiner außer den Einheimischen so recht glauben mag, Tacitus, der genialste und polemischste Historiker der römischen Kaiserzeit, geboren worden sein. Permanente Parteikämpfe zwischen den Guelfen und den Ghibellinen bestimmten das Mittelalter, einschneidendes Trauma war 1174 die Plünderung der Stadt durch Barbarossas Truppen. Gut 700 Jahre später, kurz nach der italienischen Einigung, wurde Terni zur *Waffenfabrik* der jungen Nation ausgebaut: Der Wasserreichtum des *Ternano* und der benachbarten Wasserfälle bot klare Standortvorteile für die Stahlindustrie. 1943/44 folgte dann die Kriegskatastrophe, deren wirtschaftliche Schäden trotz der Neuorientierung auf chemische Industrie bis heute nicht verwunden sind.

◁ *Kein Schauspiel der Natur – der künstliche Wasserfall Cascata delle Marmore nahe Terni*

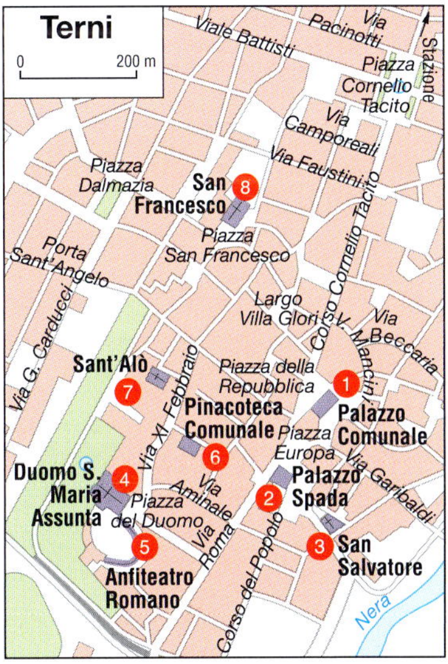

Das Amphitheater von Terni hat die Jahrhunderte nicht ganz schadlos überstanden, im Hintergrund erhebt sich der Dom

Besichtigung Zentrum Ternis ist die Piazza della Repubblica mit dem 1878 im Stil der Neorenaissance errichteten und im Zweiten Weltkrieg stark zerstörten **Palazzo Comunale** 1, der vor einigen Jahren umfassend restauriert wurde. Die angrenzende weite Piazza Europa dominiert der frühmanieristische **Palazzo Spada** 2, das Alterswerk des Baumeisters der Peterskirche *Antonio da Sangallo d. J.* (1485–1546). Man sollte nicht versäumen, einen Blick in den wohlproportionierten Innenhof zu werfen. Im Palazzo selbst ist heute die Stadtverwaltung untergebracht, daher können dessen Räume nicht besichtigt werden. Von hier sind es nur wenige Schritte zur stimmungsvollen, zwischen modernen Gebäuden eingeklemmten Chiesa **San Salvatore** 3. Reisende der Goethezeit hielten sie noch für einen antiken Sonnentempel, heute wird die überkuppelte Mittelrotunde ins 6. Jh. datiert. Die von Kriegsschäden stark in Mitleidenschaft gezogenen Fresken (Sienesische Schule, 14. Jh.) der links vom Langhaus abgehenden *Cappella Manassei* sind vorbildlich restauriert.

Über Via Roma und Via Aminale gelangt man zur *Piazza del Duomo*. Ein moderner Brunnen mit den Allegorien der beiden Flüsse Nera und Velino erinnert an den antiken Stadtnamen Interamna. Auf der gegenüberliegenden Platzseite versucht der **Duomo S. Maria Assunta** 4 mit der 1653 barockisierten Fassade seine romanischen Ursprünge zu verschleiern. Doch das marmorne Hauptportal stammt vom Vorgängerbau des 12. Jh. und zeigt feine Akanthusschnitzereien. Im barocken

Die Barockfassade des Doms von Terni nimmt die gesamte Breite der Piazza del Duomo ein

Inneren wurden Teile der romanischen Bausubstanz wieder freigelegt. Hauptsehenswürdigkeit ist der üppige Orgelprospekt, den *Luca Neri* 1647 nach einem Entwurf Berninis schnitzte.

Unweit des Doms, in der Via del Vescovado, wurden die Überreste des **Anfiteatro Romano** 5 ausgegraben. In der 32 n. Chr. entstandenen Anlage fanden als Baumaterial neben Kalksteinblöcken hauptsächlich kleine, diagonal verlegte Tuffsteinquader Verwendung (Opus-Reticulatum-Technik).

Von der Piazza del Duomo schlendert man über die *Via XI Febbraio*, eine der wenigen Gassen Ternis mit Altstadtcharakter. In einer Seitenstraße steht der *Palazzo Gazzoli*, der heute die **Pinacoteca Comunale** 6 (Via Teatro Romano 13, Tel. 074 45 94 21, Di–So 10–13, 16–19 Uhr) beherbergt. Das Museum präsentiert eines der expressivsten Gemälde umbrischer Passionsfrömmigkeit: die 1497 geschaffene ›Kreuzigung‹ von *Alunno* mit den trauernden hll. Franziskus und Bernhardin von Siena. Weitere wichtige Werke sind eine ›Vermählung der hl. Katharina‹ von *Benozzo Gozzoli* (1466) sowie ein Altarbild des ›Meisters der Verkündigung Gardner‹ (1485). Die moderne Sektion zeigt Werke der *Schule von Terni*, die sich in den 1930er-Jahren der Landschaftsmalerei widmete, sowie naive Terni-Ansichten des heimischen Künstlers Orneore Metelli.

Weiter geht es durch die Via XI Febbraio zur hübschen kleinen Malteserkirche **Sant'Alò** 7. Sie birgt kostbare romanische Kapitelle des 11. Jh. Weiter nördlich lädt der Kirchplatz von **San Francesco** 8 zu einer Rast. Im Innenraum der 1948/49 durchgreifend restaurierten Kirche des 13. Jh. sollte man die Fresken der *Cappella Paradisi* auf sich wirken lassen. Die um 1450 von *Bartolomeo di Tommaso* geschaffenen Bilder zeigen ›Jüngstes Gericht‹, ›Fegefeuer‹ und die dantesken Schrecken des ›Infernos‹ mit einem riesigen schwarzen Luzifer.

Die unscheinbare Chiesa San Francesco bewahrt in ihrem Inneren meisterliche Fresken

Mit einem Bummel über den *Corso Cornelio Tacito* kann man den Besuch Ternis gemütlich ausklingen lassen. Hauptattraktionen sind die *Piazza Tacito* mit der 1936 angelegten Fontäne und das ›*Pazzaglia*‹ (Nr. 10), die berühmteste Konditorei des Ortes. Alternativ empfiehlt sich ein erholsamer Spaziergang durch die Parks an den Ufern der Nera.

Ausflug

Ein touristischer Klassiker ist der Ausflug zu den vielbesungenen und vielgemalten Wasserfällen von Terni. Die

TOP TIPP

165 m hohe **Cascata delle Marmore** ist erstaunlicherweise von Menschenhand geschaffen. 271 v. Chr. ließ der Konsul *Manlius Curius Dentatus* einen Kanal graben, um den versumpften Velino-Fluss über die Kaskaden in die Nera abzuleiten. Da das Gefälle heute zur Stromgewinnung genutzt wird, sind die Wasserfälle nach einem monatlich wechselnden Stundenplan (Infopoint, Tel. 074 46 29 82, www.marmore.it) in Betrieb. Wenn der ›Wasserhahn‹ aufgedreht ist, stellt das antike Ingenieurs-Spektakel (7 km Richtung Rieti) ein eindrucksvolles Erlebnis dar. Wem von unten das richtige Foto nicht gelingt, der sollte auf der *Strada superiore* den beliebten oberen Belvedere ansteuern. Von Pavillons aus kann man auf die sprühenden Wassermassen schauen und auf glitschigen Pfaden durch dichte Vegetation streifen.

i Praktische Hinweise

Information

IAT, Viale Battisti 7 A, Terni,
Tel. 07 44 42 30 47, Fax 07 44 42 72 59

Unterkünfte

******Valentino**, Via Plinio il Giovane 3, Terni, Tel. 07 44 40 25 50, Fax 07 44 40 33 35, www.hotelvalentino terni.com. Modernes gepflegtes Haus mit gutem Restaurant.

Casale Maratta, Via Maratta Bassa 25, Terni, Tel./Fax 07 44 30 02 48. Agriturismo mit sechs Zimmern, Schafszucht und eigenem Wein.

Restaurant

Villa Graziani, Villa Valle, Papigno, Tel. 0 74 46 71 38. Mondänes Terrassenrestaurant in der Dichtervilla Lord Byrons in der Nähe der Wasserfälle (So abends und Mo geschl.).

25 Lago di Piediluco

Krebse und Kanus.

Der mit einem Umfang von 17 km zweitgrößte See Umbriens, direkt an der Grenze zu Latium gelegen, ist ein Familien-Ferienparadies mit sportlicher Note. Die Kanuten Italiens trainieren regelmäßig auf dem bis zu 19 m tiefen Gewässer. Zu ausgedehnten *Wanderungen* laden die bewaldeten Ufer ein. Römische Wochenendtouristen schlendern gern über die

Abendstimmung über dem Lago di Piediluco, dem zweitgrößten See Umbriens

Treppenwege der Ortschaft *Piediluco* bis zur Rocca Albornoz und lassen sich die Fische und berühmten Süßwasserkrebse aus dem See schmecken. Nur das Baden wird nicht unbedingt empfohlen – die Wasserqualität lässt zu wünschen übrig.

i Praktische Hinweise

Restaurant

Belvedere da Giosefatta, Via Cioffi 3, Piediluco, Tel. 07 44 36 81 62. Familiäres, leicht chaotisch organisiertes Fischlokal, das auf Süßwasserkrebse in *Salsa verde* und gegrillten Seefisch spezialisiert ist (Mi geschl.).

26 Narni

Stadt der hundert Türme.

Auf einem Felsplateau hoch über der Nera thront Narni, ein mittelalterliches Bergstädtchen, das noch vollständig von einer Stadtmauer umgeben ist. Neben den Kirchtürmen ragen etliche alte Geschlechtertürme in den Himmel und verleihen Narni so seine charakteristische Stadtsilhouette.

Alljährlich im April/Mai findet hier eines der urwüchsigsten unter den großen umbrischen Volksfesten statt, die **Corsa dell'Anello**. Bei diesem ritterlichen Wettkampf, der auf das 13. Jh. zurückgeht, treten die drei Stadtviertel in einem Ringelstechen gegeneinander an. Außerdem steht ein feierlicher Umzug in historischen Kostümen auf dem Programm, und die Einheimischen eröffnen zur Bewirtung der Gäste in ihren Kellergewölben Tavernen.

Geschichte Die Hauptsiedlung des Volksstammes der Naharsker, **Nequinum**, wurde 299 v. Chr. von den Römern eingenommen. Damit war für sie der Weg nach Umbrien frei. Das um 220 v. Chr. neu gegründete *Narnia* entwickelte sich in der Folge zu einer wichtigen Wegstation am Eingang der Nera-Klamm: Die unterhalb von Narni gelegene berühmte römische Brücke, *Ponte d'Augusto*, führte durch ein Nadelöhr, das fast alle Romreisenden passieren mussten.

Das Christentum hielt in der Region erst spät Einzug. Noch 376 erlitt der Bischof von Narni, der afrikanische Arzt *Juvenal*, das Martyrium. Nach der Völkerwanderung wechselte die Stadt an der Nera mehrmals zwischen langobardischem, byzantinischem und päpstlichem Besitz, bis sie 1112 alle Fremdherrschaft abschüttelte. Erst 1370 brachte Kardinal Albornoz die Stadt wieder an den Kirchenstaat. Traumatisch war der *Sacco* von 1527, die Plünderung durch deutsche Landsknechte, die obendrein noch die Pest einschleppten. Erst im 19. Jh. erlebte Narni wieder neue Impulse: Im Tal zu Füßen der Stadt entwickelte sich der Standort *Narni Scalo*, durch den sie Anschluss an die Industriezone um Terni bekam. Wer mit dem Zug anreist, wird heute von hässlichen Industrieanlagen in Empfang genommen.

Besichtigung Als Ausgangspunkt für einen Stadtrundgang in Narni bietet sich die *Piazza Garibaldi* an. Der verkehrsreiche, belebte Platz, an dem die drei *Terzieri*, die mittelalterlichen Stadtdrittel, aufeinandertreffen, ist Zentrum des öffentlichen Lebens. Bei einem Espresso in der *Bar Ortolani* kann man sich die Samm-

Stadt der hundert Türme – neben den Kirchtürmen sind in Narni auch noch einige Geschlechtertürme mehr oder weniger gut erhalten

lung von Stichen der Römischen Brücke ansehen.

Direkt zur Piazza Garibaldi schaut auch das romanische Löwenportal des **Duomo San Giovenale** 1. Die Hauptfassade mit dreibogigem Portikus dagegen ist auf die Piazza Cavour ausgerichtet. Das karge *Innere* des 1145 geweihten Doms war ursprünglich dreischiffig basilikal, im 15. Jh. wurde auf der rechten Seite ein weiteres Schiff angefügt. Die gedrückten ›umbrischen Bögen‹ des Langhauses ahmen Entlastungsstrukturen antiken Ziegelmauerwerks nach. Nach einem Erdrutsch 1332 musste die Apsis erneuert werden. Ehrwürdigster Teil der Anlage ist die *Cappella San Giovenale*, die sich zum nördlichen Seitenschiff hin öffnet. Sie wurde in der Renaissance aus Resten des 6. Jh. neu kombiniert und bezeichnet jene Stelle, an der der hl. Juvenal verstarb. Auffallend sind die gefelderte Fassade der Grabkapelle und die Reste eines Mosaiks (ca. 10. Jh.) mit dem segnenden Christus in ihrem Inneren. Der *Sarkophag* des hl. Juvenal steht in einer Grabkammer, die seitlich in die benachbarte römische Stadtmauer eingetieft ist.

Ansichtssache – die eher abweisende Längsseite des Doms blickt zur Piazza Garibaldi, dem Hauptplatz von Narni

Vom Duomo führt die Via Garibaldi schnurgerade zur *Piazza dei Priori*, an der sich einst das römische Forum befand. Heute wird der Platz von repräsentativen mittelalterlichen Kommunalpalästen beherrscht. Der Ende des 13. Jh. über drei älteren Wohnhäusern errichtete **Palazzo del Podestà** 2 ist mit sehenswerten Reliefs geschmückt – eines zeigt Judith und Holofernes – und beherbergt in seinem Innenhof ein *römisches Lapidarium*. Interessantestes Stück ist ein antiker Tisch mit geeichten Hohlmaßen (*mensa ponderaria*). Der Palast dient heute als Rathaus, die Repräsentationsräume im Obergeschoss sind daher nicht immer zugänglich. In der *Sala del Consiglio* wird eine 1486 geschaffene ›Marienkrönung‹ des Florentiners *Domenico Ghirlandaio* aufbewahrt, in einem weiteren Saal eine Kopie von *Donatellos* ›Gattamelata‹. Dieses berühmte Reiterstandbild, dessen Original vor der Basilica di Sant'Antonio in Padua steht, stellt einen Condottiere aus Narni, den Bäckersohn Erasmo, dar. In der Via Gattamelata hat sich sogar das väterliche Backhaus erhalten. Gegenüber dem Palazzo del Podestà befindet sich die **Loggia dei Priori** 3, in der Bürgerversammlungen stattfanden. Die Halle öffnet sich in zwei mächtigen Rundbögen zur Piazza. Über der Loggia erhob sich einst der Palazzo dei Priori; er wurde 1527 zerstört. Erhalten blieb dagegen der *Campanile* des Palastes mit Außenkanzel.

Die Via Mazzini folgt dem Verlauf einer antiken Straße. Über sie gelangt man zur romanischen Chiesa **S. Maria in Pensole** 4, die, wie ihr Beiname andeutet, in den Abhang ›hängend‹ hineingebaut wurde. Ein dreibogiger Portikus und drei Portale, deren Rahmungen fein gearbeitete Rankenmotive aufweisen, führen in den leicht ansteigenden *Innenraum*. Sein Erscheinungsbild wird durch die typisch umbrischen gedrückten Bögen bestimmt. Die antiken Säulen tragen mittelalterliche Kapitelle. Das dritte Kapitell auf der rechten Seite präsentiert ›Daniel in der Löwengrube‹, umgeben von fratzenartigen Raubkatzen. Von der Kirche führt die Via Mazzini weiter geradeaus zur einstigen Kathedrale **San Domenico** 5, die heute eine Bibliothek und einen Mammutzahn aus dem Nera-Tal beherbergt, außerdem finden hier Wechselausstellungen statt. Der benachbarte *Park* bietet eine Aussichtsterrasse mit schönem Blick auf die außerhalb gelegene **Abbazia San Cassiano** (12. Jh.).

Der Weg zurück ins Stadtzentrum führt an der in einem Mischstil zwischen Gotik und Frührenaissance errichteten Chiesa **Sant'Agostino** 6 vorbei, die einen in Tempera gemalten Altar von *Antoniazzo Romano* mit reizvollen Predellaszenen besitzt. Der Stadtteil Mezule, der an der Piazza Garibaldi beginnt, wird von der Papstfestung **Rocca Albornoz** 7 (um 1370) überragt.

Den Abschluss einer Besichtigung Narnis markiert die Fahrt zu den unterhalb des Ortes gelegenen Ruinen des **Ponte d'Augusto** 8, der, wie der Name schon andeutet, in die Zeit Kaiser Augustus' (ca. 27 v. Chr.) datiert wird. Die römische Brücke überspannte einst in vier großen Bögen auf einer Länge von 160 m das Nera-Tal. Zwei der Bögen stürzten bereits im Mittelalter ein, der dritte erst 1855. Die Ruine zog immer wieder Künstler an, denn sie ist ein wahrhaft romantisches Motiv. Eines der bekannteren Werke ist das 1826 entstandene Gemälde von Camille Corot (Paris, Louvre). Heute allerdings ist es aus

Klösterliche Ruhe – in einem Waldstück nahe der Stadt Narni hatten sich im 12. Jh. Mönche niedergelassen und die Abbazia San Cassiano errichtet

mit Romantik, verläuft doch die Bahnlinie direkt an der Brücke.

Ausflug

Ein reizvoller Abstecher Richtung Süden führt nach **Visciano** (6 km), zu der einsam zwischen Olivenhainen gelegenen Chiesa **S. Pudenziana**. Die dreischiffige Basilika, unter Verwendung antiker Bauteile im 11. Jh. errichtet, wird von einem mächtigen Campanile überragt. Die Portikus-Fassade erinnert an einen antiken Antentempel. Im Inneren wechseln antike Säulen und Pfeiler einander ab.

i Praktische Hinweise

Hotel

***__Il Minareto__, Via dei Cappuccini Nuovi 32, Narni, Tel. 07 44 72 63 43, Fax 07 44 72 62 84. Maurische Fantasia der Belle Epoque am Rand der Oberstadt. Acht Zimmer, gutes Restaurant.

Podere Costa Romana, Via Flaminia, Narni, in Richtung Hieli, Tel. 07 44 72 24 95. Stilsicher restauriertes Landhaus mit sechs Apartments und B & B.

Restaurants

Da Sara, Strada Calvese, Loc. Moricone, Tel. 07 44 79 61 38. Umbrische Landküche. Einfach, aber gut (Mi geschl.).

Del Cavallino, Via Flaminia Romana 220, Loc. Testaccio, 2 km von Narni, Tel. 07 44 76 10 20. Es gibt hausgemachte pikante Ciriole-Nudeln, Gnocchi mit Hammelsugo und saisonal auch Trüffelgerichte (Di geschl.).

27 Otricoli

Römische Ruinen zwischen Weinbergen und grasenden Schafherden.

Goethe mochte ihn in Rom nicht missen und ließ sich eine Kopie anfertigen. Die Rede ist von dem gigantischen *Zeuskopf von Otricoli*, den der berühmteste deutsche Italienreisende inzwischen, wie viele andere interessante Fundstücke auch, in den Vatikanischen Museen zu Rom besichtigen könnte. Da am Originalschauplatz nicht mehr allzuviel verblieben ist, sind die Ruinen des antiken, über dem Tibertal gelegenen **Ocriculum** heute eher romantisch als archäologisch sehenswert. Man stapft durch Weinberge, um die Reste des *Theaters*, des *Amphitheaters*, der *Thermen* und eines *Tempels* aufzuspüren. Der Ort Otricoli selbst hat auch schon bedeutendere Tage gesehen. Früher war in dem Grenzstädtchen zur Sabi-

Rechts: *So lässt es sich leben – eine der typischen feudalen Amerino-Villen in der Nähe von Amelia*
Unten: *Malerisches Motiv – von Narnis Ponte d'Augusto haben sich in zahlreiche Künstler inspirieren lassen, so auch Camille Corot (1826, Paris, Louvre)*

na die erste Poststation nördlich von Rom angesiedelt: In den zahlreichen Gebäuden mit Laubengängen an der Hauptstraße befanden sich früher Herbergen und Stallungen für den Pferdewechsel.

Die Unentwegten, die zur Weihnachtszeit unterwegs sind, sollten unbedingt den Abstecher nach **Calvi dell'Umbria** (12 km östlich von Otricoli) unternehmen. Denn hier kann man in der *Chiesa Sant'Antonio* eine wahre Rarität bestaunen: Rund 30 lebensgroße Terrakottafiguren bevölkern eine der ältesten Weihnachtskrippen (1546) Italiens.

Praktische Hinweise

Hotel

*__La Locanda del Francescano__, Via Narnense 3, Calvi dell'Umbria, Tel./Fax 07 44 71 01 29. Charmantes einfaches Hotel. Gepflegte umbrische Landhausküche mit französischem Touch.

Restaurant

Fattoria San Carlo, Voc. San Carlo, Calvi dell'Umbria, Tel. 07 44 71 01 83. Die Gebrüder Morelli betreiben in ländlicher Ambiente eine Bio-Hofmetzgerei, ein für sein Grillfleisch gerühmtes Ristorante und eine einfache Zimmervermietung.

Die Krönung – der Dom von Amelia erhebt sich auf dem höchsten Punkt der Stadt

28 Amelia und das Amerino

Dichte Wälder, winzige Festungsdörfer, Getreidefelder und Weinberge – ein Ausflug ins ländliche Umbrien.

Im südlichen Umbrien an der Grenze zu Latium wird es ländlich. Wer das agrarisch geprägte Amerino mit seinen sanften Hügeln und den weiten Feldern genießen will, muss Zeit haben für die Beschaulichkeit des Landlebens, und bereit sein eigene Entdeckungen zu machen, denn touristische Sehenswürdigkeiten gibt es hier nur wenige.

Die Stadt **Amelia** (11 000 Einw.), eine umbrische Gründung, wird von bis zu 8 m hohen und 3 m starken polygonalen Festungsmauern aus dem 6. Jh. v. Chr. umgeben, die der gewaltigen Steinblöcke wegen auch Zyklopenmauern genannt werden. Besonders gut sind diese im Bereich der *Porta Romana*, dem Hauptzugang zur Stadt, erhalten. Angeblich soll Amelia bereits 1134 v.Chr. besiedelt worden sein – es wäre damit älter als Rom.

Beim Rundgang durch die tagsüber stillen Straßen stößt man auf einige interessante Kirchen. Die Fassade der 1287 entstandenen **Chiesa San Francesco** (auch *SS. Filippo e Giacomo*) besitzt eine auffällige Doppelrose. Im barockisierten Inneren, in der *Cappella di Sant'Antonio*, fan-

Romanisches Kleinod in der Provinz – die kleine Chiesa S. Maria Assunta an der Piazza S. Maria in Lugnano in Teverina

den sechs Mitglieder der Adelsfamilie Geraldini ihre letzte Ruhestätte. Aus diesem amerinischen Geschlecht stammte auch Alessandro Geraldini, der 1516 in Santo Domingo (heute Dominkanische Republik) zum ersten Bischof der Neuen Welt ernannt wurde. Der **Duomo** von Amelia, an der Stelle der alten Akropolis die Stadtsilhouette prägend, enttäuscht aus der Nähe ein wenig: Vom romanischen Kernbau blieb lediglich der zwölfeckige frei stehende *Campanile* erhalten, der allerdings zu den schönsten Umbriens zählt. Nach einem Brand 1629 musste das gesamte Langhaus barock erneuert werden. An der Fassade wurden die Arbeiten erst im 19. Jh. abgeschlossen. Das bedeutendste Kunstwerk im *Inneren*, *Duccio di Buoninsegnas* ›Mariä Himmelfahrt‹, ist meist abgedeckt: Wer allerdings am 15. August, dem Patronatsfest, nach Amelia kommt, kann miterleben, wie die sienesische Tafel in einer Prozession durch die steilen Gassen der Stadt getragen wird.

Eine weitere interessante Sehnswürdigkeit ist der **Palazzo Farrattini**. Antonio da Sangallo d. J. erbaute ihn 1520 als Miniaturkopie des römischen Palazzo Farnese.

Nach der anstrengenden, treppauf und treppab führenden Besichtigung sollte man sich eine ortstypische Spezialität gönnen: Amelia und das Amerino sind berühmt für ihre gefüllten *kandierten Feigen*.

Die kleine Chiesa *S. Maria Assunta* im 11 km entfernten **Lugnano in Teverina** zählt zu den schönsten romanischen Kirchen Umbriens. Um 1150 errichtet, erhielt sie knapp 100 Jahre später ihre breite Vorhalle, die von sechs Säulen und massiven Eckpfeilern getragen wird. Die Fassade ist mit zwei Rosetten geschmückt, von denen die größere von zwei Biforienfenstern gerahmt wird. Im Inneren verdienen der Kosmatenfußboden und die romanischen Figurenkapitelle Beachtung.

Das **Amerino** ist eine feudal geprägte Agrarregion. Noch heute sind viele der kleineren Festungsorte (*Borghi*) tagsüber, wenn die Bewohner bei der Feldarbeit sind, wie ausgestorben. Immer wieder stößt man in der Gegend um Amelia auf Kastelle und Schlösser, die sich die Grundherren, römische und lazialische Familien, errichten ließen.

Paradebeispiel ist der *Palazzo Ducale* der Herzöge von Acquarone in **Giove** (12 km von Amelia). Er hat genau 365 Fenster, für jeden Tag des Jahres eines. Die Rampe, auf der Kutschen zum 1. Stock hinauffahren konnten, wurde vermutlich von Carlo Maderna um 1600 konstruiert.

Das Castello (ab 1490) der Doria-Pamphili in **Alviano** beherbergt heute das Rathaus, das Bauernmuseum *Museo della Civiltà Contadina* und das *Museo Multimediale di Bartolomeo d'Alviano* (beide Info-Tel. 199 19 41 14, So/Fei 10.30–12.30 und 15–18 Uhr oder auf Voranmeldung), das dem Baumeister des Renaissance-Kastells gewidmet ist. Ebenfalls eindrucksvoll ist das klobige Castello Corsini von **Sismano** mit seinen vier trutzigen Ecktürmen.

Bei **Dunarobba** kann man die Reste eines versteinerten Waldes (*Foresta fossile*) aufsuchen. Die 20 Baumstümpfe sind etwa 800 000 bis 2 Mio. Jahre alt.

Via Flaminia – die antike Lebensader Umbriens

Die Einverleibung Umbriens ins Römische Herrschaftsgebiet wurde mit dem Bau der **Via Flaminia** besiegelt. Erst dadurch gelang es, die unwegsame, wald- und bergreiche Provinz strategisch zu kontrollieren und die Latinisierung des Hinterlandes zügig voranzutreiben. Die alte Trasse, 220 v. Chr. im Censoratsjahr des Gaius Flaminius errichtet, führte über Narnia und Carsulae nach Mevania (Bevagna), Forum Flaminii (Foligno), Nocera und über den Scheggia-Pass nach Ariminum (Rimini). Jahrhundertelang garantierte die gut ausgebaute Konsularstraße den **Wohlstand** des antiken Umbrien und trug zum Aufblühen zahlreicher Städte und Straßenstationen bei.

Die **Flaminia Nova** bog bei Narnia ab nach Interamna (Terni) und führte über Spoletium und Trebiae (Trevi) durch die Valle Umbra, wo sie nördlich von Foligno auf die alte Trasse stieß. Ab dem 1. Jh. n. Chr. war sie die wichtigste Straße Umbriens (sie wurde bis ins Mittelater benutzt), die alte Trasse jedoch geriet mehr und mehr in Vergessenheit.

i Praktische Hinweise

Information

IAT, Via Orvieto 1, Amelia,
Tel. 07 44 98 14 53, Fax 07 44 98 15 66

Hotels

*****Anita**, Via Roma 31, Amelia,
Tel. 07 44 98 21 46, Fax 07 44 98 30 79.
Angenehmes Hotel mit Garten und Restaurant.

Fattoria Sismano, Via Corsini 12,
Loc. Sismano, Avigliano Umbro,
Tel. 07 44 93 34 88, Fax 07 44 93 39 77.
Unterkunft mit sechs Betten auf einer Schaffarm. Die einfachen Zimmer sind mit Bauernmöbeln eingerichtet.

Restaurant

Da Emma, Loc. Montenero, von Amelia 3 km Richtung Giove, Tel. 074 44 98 24 62.
Das geräumige Ausflugslokal bietet köstliche Pasta wie Fettuccine, Agnolotti oder Manfrecoli, außerdem mehrere Sorten Grillfleisch und Holzofenpizza (Di geschl.).

29 Carsulae

TOP TIPP *Eindrucksvolle römische Ruinen an der Via Flaminia.*

Carsulae ist die schönste und stimmungsvollste archäologische Zone der einstigen römischen Provinz *Umbria*: ein gepflegter Rasen, schattenspendende Bäume und eine guterhaltene Trasse der *Via Flaminia*, die von dem antiken Stadttor *Arco di San Damiano* überragt wird.

Carsulae dürfte um 100 v. Chr. entstanden sein. Basis seiner Blüte waren der Weinanbau und die schon damals geschätzten *Thermalquellen* im nahen San Gemini. Die Verlagerung des Hauptverkehrs auf die *Flaminia Nova* bei Spoletium leitete ab dem 3. Jh. den Niedergang

Das antike Stadttor von Carsulae überspannt Reste der Via Flaminia, der Konsularstraße, die von Rom durch Umbrien wieter bis nach Rimini führte

ein. Während der Völkerwanderung verließen die Bewohner die mauerlose Siedlung und zogen ins höher gelegene Cesi. Erdbeben und Plünderungen dezimierten schon bald den antiken Baubestand.

Heute erkennt man neben den eindrucksvollen Straßenplatten mit Fahrrillen Reste verschiedener öffentlicher Bauten: Zwei *Podiumstempelchen* mit relativ gut erhaltener Marmorverkleidung, einen wieder aufgerichteten *Vierpfeilerbogen*, eine (eher zu erahnende) *Basilika*, außerdem die im 11. Jh. aus antiken Spolien errichtete *Chiesa San Damiano*. Außerhalb des Stadtbogens liegen Prunkgräber, darunter ein zylindrisches Grab mit dorischem Fries. Auf der anderen Seite der Straße sind das *Amphitheater* und dahinter das *Theater* zu erkennen, dessen Bühnenwand noch gut erhalten ist.

Unterkünfte gibt es in dem nur wenige Kilometer entfernten Thermalbad **San Gemini**, das ein mittelalterliches Zentrum besitzt. Das interaktive Erdkundemuseum *Geolab* (Tel. 07 44 33 12 93, Juni–Sept. Sa/So 10–13 und 16.30–19.30 Uhr, Okt.–Mai Sa/So 10–13 und 15–18 Uhr) ist nicht nur für Kinder ein lehrreiches Erlebnis.

i Praktische Hinweise

Hotels

Duomo, Piazza Duomo 4, San Gemini, Tel. 07 44 63 00 05, Fax 07 44 63 03 36. Palazzo-Herberge aus dem 16. Jh. mit Park und Ristorante.

Restaurant

La Caprareccia, Loc. Case Sparse 5, Cesi, unasphaltierter Feldweg links vor Cesi, Tel. 07 44 24 12 49. Direkt von Mamma Gianna: herrliche Wildschwein-Papardelle und üppiges *Arrosto misto* (Di geschl.).

In den Ausläufern des Apennin – kleine Bergstädtchen und eine grandiose Natur

Das wahre Herz Umbriens schlägt in der bis über 2000 m hohen **Bergregion** an der Grenze zu den Marken. Hier, im Hinterland, das noch immer durch Abwanderung und Armut gekennzeichnet ist, hat der Tourismus bis auf die Enklave **Gubbio** noch kaum Fuß fassen können. Diese *Città umbrissima*, die steinernste der steinernen Städte Umbriens, ist ein wahrer Schlüssel zum Verständnis der Region. Die in Gubbio gefundenen vorchristlichen *Eugubinischen Tafeln* geben einen kleinen Einblick in die noch immer äußerst rätselhafte Kultur der alten Umbrer.

In den Bergen, bei **Nocera**, lag freilich auch das Epizentrum des Erdbebens von 1997. Doch der Reisende sollte sich von solchen Naturgewalten nicht abschrecken lassen. Denn die wahren Attraktionen, die Schafherden, die Linsenfelder von Castelluccio, die Pecorino-Käsereien und die vorzügliche Küche, versprechen jederzeit schöne Urlaubserlebnisse.

30 Gubbio

Plan Seite 110

TOP TIPP *Stein gewordener Traum eines mittelalterlichen Miniaturisten.*

Zu den wichtigsten Stationen einer Umbrienreise gehört Gubbio. Allein die mittelalterliche Kulisse der sich terrassenartig unterhalb des *Monte Ingino* staffelnden Häuser lohnt die Fahrt in den bergigen Nordosten. »Traum eines mittelalterlichen Miniaturisten« nannte der Brite Edward Hutton die Stadtanlage 1908: ein vollständig erhaltener Mauerring, steile Straßen und einer der schönsten Plätze Italiens, die *Piazza della Signoria*. Alljährlich am 15. Mai geht es in Gubbio drunter und drüber. Beim größten Stadtfest, der **Festa dei Ceri** (www.ceri.it), werden drei riesige Holzidole mit Heiligenstatuen von den Innungen der Maurer, Kaufleute und Bauern – umringt von einer wogenden Menschenmenge – im Laufschritt durch die steilen Gassen auf den Monte Ingino zur Wallfahrtskirche Sant'Ubaldo bugsiert.

TOP TIPP

◁ **Oben:** *Das römische Theater von Gubbio vor der Kulisse der mittelalterlichen Stadt*
Unten: *Festa dei Ceri, das beliebteste Volksfest Gubbios*

Geschichte Im Gegensatz zu den anderen großen Siedlungen der Region mit ihrer etruskisch beeinflussten Kultur war **Ikuvium** in der Antike rein umbrisch – und zudem vermutlich die Hauptstadt dieses ansonsten eher verstreut siedelnden altitalischen Bergvolkes. Hier wurde auch das bedeutendste schriftliche Zeugnis der Umbrer gefunden, die **Eugubinischen Tafeln**. Die sieben Bronzeplatten (2./1. Jh. v. Chr.) tragen Opfertexte in umbrischer Sprache [s. S. 111]. Vermutlich bereits im 3. Jh. v. Chr. arrangierten sich die Bewohner Ikuviums friedlich mit den Römern und siedelten daraufhin unten im Topino-Tal. Nach der Zerstörung durch die Ostgoten unter Totila wurde die Stadt jedoch an ihre heutige Position auf den Berg zurückverlegt. Auch ein Überfall der Ungarn 917 vermochte die Entwicklung der Kommune nicht dauerhaft zu dämpfen. Im 12./13. Jh. herrschte Gubbio über mehrere apenninische Städte. Nach schweren Bürgerkriegen geriet es 1384 unter die Herrschaft der Montefeltre sowie des *Herzogs von Urbino* und gehörte in der Folge zum Territorium der Marken. Erst 1860 wurde Gubbio wieder umbrisch. 1944 kam es in der Gegend zu schweren Kämpfen zwischen deutschen Truppen und Partisanen. Die *Piazza Quaranta*

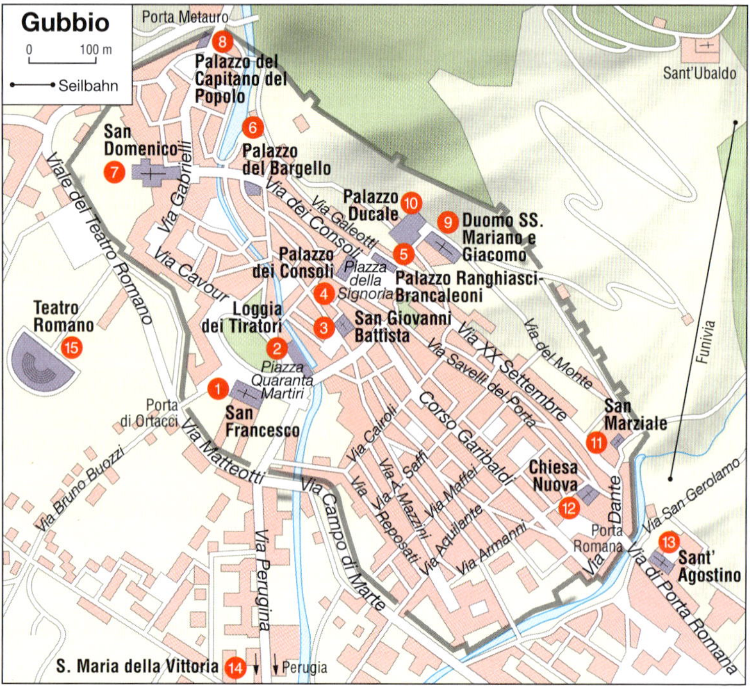

Martiri (Platz der 40 Märtyrer) zu Füßen des Ortes erinnert an die zivilen Opfer deutscher Militärjustiz.

Besichtigung An der *Piazza Quaranta Martiri* kommen die Busse aus Perugia und den umliegenden Ortschaften an, und hier liegt auch gleich der erste Besichtigungspunkt, die Chiesa **San Francesco** 1. Die Fassade der großen, im 13. Jh. errichteten Bettelordenskirche blieb unvollendet – interessanter als der Außenbau ist der imposante *Innenraum*. Trotz der Barockisierung – das Mittelschiff, das einst leicht erhöht war und einen offenen Dachstuhl trug, erhielt 1724–54 ein Tonnengewölbe – bleibt der gotische Raumeindruck einer Staffelhalle evident. In der

Stolz der Zünfte – während der Festa der Ceri präsentiern sich die Innnungen der Kaufleute, Maurer und Bauern, Hauptakteure der Prozession, in ihren traditionellen Gewändern

Einfach nicht zu übersehen – der mächtige Palazzo dei Consoli hebt sich markant im Stadtbild ab, im Vordergrund die Kirche San Giovanni Battista

linken Chorkapelle hat *Ottaviano Nelli* (1375–1444), der wichtigste Vertreter der Malschule von Gubbio, seiner Heimatstadt einen Freskenzyklus (1408–13) mit Darstellungen aus dem Leben Mariä hinterlassen. In der rechten Chorkapelle, der *Cappella Sforzolini*, soll der hl. Franziskus, nachdem er sich von seiner Familie losgesagt hatte, eine Kutte von der Wollhändler-Familie Spadalonga empfangen haben. Zwei vermutlich von *Palmerino di Guido* geschaffene Fresken beschäftigen sich mit dem Leben des Heiligen, darunter ›Der Bischof bedeckt die Blöße des hl. Franziskus‹.

Ebenfalls an der Piazza steht die **Loggia dei Tiratori** 2, die zweigeschossige Säulenhalle der Wollweberzunft. Auf dem offenen Trockenboden des 1. Stocks wurden früher die gewalkten Wollstoffe gestreckt. Unter der Loggia findet heute in den Vormittagsstunden ein kleiner Markt statt.

Über die steile Via della Repubblica erreicht man links die hübsche kleine Chiesa **San Giovanni Battista** 3 mit Schwibbögen des 13. Jh. Weiter geradeaus geht es über Treppen zum eindrucksvollen Hauptplatz Gubbios, der *Piazza della Signoria*, die sich am Schnittpunkt der vier mittelalterlichen Stadtteile befindet. Diese ›hängende‹ Panorama-Terrasse wurde in die ansonsten durch steile Wege charakterisierte Stadt hineingebaut, eine technische Meisterleistung des Mittelalters. Der einheimische Baumeister *Gattapone* ließ dazu mehrere Häuser niederreißen und mächtige, mit Bauschutt hinterfütterte Substruktionsmauern hochziehen. Dominiert wird die terrakottage-

Die Tavole Eugubine – das Geheimnis der alten Umbrer

Das kulturelle Erbe der antiken Umbrer ist nicht besonders umfangreich. Bedeutendste Quelle und so etwas wie das Nationalheiligtum Umbriens sind die **Eugubinischen Tafeln**, sieben Bronzeplatten, die 1444 im Römischen Theater gefunden wurden und heute im Museo Civico von Gubbio aufbewahrt werden. Die 40 x 60 cm großen Schrifttafeln geben in umbrischer Sprache Auskunft über Religion und Bräuche der Umbrer. Sie enthalten **Opferriten** für die **Götter** Jupiter, Mars und Vofonius (ein altumbrischer Gott), die den altumbrischen Beinamen Grabovios tragen. Außerdem berichten sie von den Feindvölkern, den Etruskern und Naharskern. Interessant ist der **Schriftwandel**, der die zunehmende Latinisierung Umbriens belegt. Die vier älteren Tafeln (2. Jh. v. Chr.) verwenden ein etruskisches Alphabet, die drei jüngeren (1. Jh. v. Chr.) bereits das lateinische.

pflasterte Piazza von dem hellen Block des **Palazzo dei Consoli** 4, der 1332–37 von *Angelo da Orvieto* unter Mitwirkung Gattapones aus weißen Kalkquadern des Monte Ingino erbaut wurde. Bekrönt wird der Palast von Zinnen und auf der linken Seite von einem schmalen Glockenturm. Über eine Freitreppe erreicht man das Innere mit den einstigen Sitzungssälen der Stadtregierung, die heute das **Museo Civico** (Sommer tgl. 10–13 und 15–18 Uhr, Winter tgl. 10–13 und 14–17 Uhr) beherbergen. In der Sala Maggiore, dem 30 m langen, 13 m breiten und 13 m hohen Ratssaal, und der Palastkapelle sind antike und mittelalterliche Inschriften und Skulpturen ausgestellt, u.a. die Prunkstücke der Sammlung, die *Eugubinischen Tafeln* und die *Phaethonschale* (16. Jh.) Maestro Giorgios. Sie konnte 1991 bei Sotheby's ersteigert werden und kehrte so in die Heimatstadt des Töpfers zurück. Dieser war berühmt für seine mit mythologischen Themen bemalte und rötlich lasierte Renaissance-Keramik. Im Obergeschoss schließlich ist die kleine **Pinacoteca Comuna** mit Werken regionaler Meister zu besichtigen. Von hier erreicht man auch die Loggia, die auf der Talseite angebaut ist und einen weiten Blick über die Landschaft bietet.

Vis-à-vis liegt das Rathaus, der ebenfalls von Gattapone begonnene, aber nie vollendete *Palazzo Pretorio*. Der lang gestreckte **Palazzo Ranghiasci-Brancaleoni** 5 auf der gegenüberliegenden Straßenseite, dessen feine ionische Kapitelle antiken Vorbildern nachgebildet sind, ist ein Werk der Liebe. Graf Ranghiasci wollte seiner englischen Gattin ein Heim im Stile des britischen Klassizismus bieten.

Beim Spaziergang durch die Via dei Consoli bemerkt man überall die typischen **Porte dei Morti**, die höher als das Straßenniveau liegen. Diese normalerweise verschlossenen Totentüren bilden direkte Zugänge zum 1. Stock und werden nur bei Leichenbegängnissen geöffnet. Auch der **Palazzo del Bargello** 6, einst Sitz der Polizeidirektion und Kerker, besitzt eine solche Totentür. Heute residieren hier die Armbrustschützen – eine Balestra kann man in Gubbio übrigens noch heute überall erwerben. Apropos Shopping: Keramikfreunde sollten unbedingt die Bottega von *Leo Grilli* besuchen (Via dei Consoli 78). In dem über 200 Jahre alten Familienbetrieb findet man zeit-

◁ *Von der Terrasse mit Bar unweit des Palazzo Ducale bietet sich ein wunderschöner Blick auf den Palazzo dei Consoli und das sanfte Hügelland rund um Gubbio*

los schöne Renaissance-Imitate. Am Ende der Via dei Consoli stößt man auf die Chiesa **San Domenico** 7, die im barockisierten Innenraum ein venezianisches ›Abendmahl‹ der Tintoretto-Zeit birgt. Nach einem kurzen Spaziergang erreicht man den am Rande der Altstadt gelegenen sehr schlichten **Palazzo del Capitano del Popolo** 8 aus dem 13. Jh.

Rechts von der Piazza della Signoria führt ein Treppenweg vorbei an einem Riesenfass zum höchsten Gebäude der Stadt, dem **Duomo SS. Mariano e Giacomo** 9. Er wurde Mitte des 13. Jh. über einem romanischen Vorgängerbau errichtet. Das einschiffige *Innere* mit seiner Folge von zehn Schwibbögen, die auf weit in den Kirchenraum vorkragenden Strebepfeilern aufsitzen, strahlt feierliche Monumentalität aus. Auf den Bogen ruht der offene Dachstuhl. Für die 1. Kapelle links malte *Eusebio da San Giorgio* eine ›Anbetung der Hirten‹ im Stile Pinturicchios. In der 5. Kapelle hängt ein Gemälde (1598) von *Virgilio Nucci*, das Gubbios Schutzpatron Sant' Ubaldo als Bischof mit goldener Mitra darstellt.

Wer den Herzogspalast von Urbino kennt, wird im gegenüberliegenden **Palazzo Ducale** 10 (Tel. 07 59 27 58 72, Di–So 8.30–19 Uhr) auf manches vertraute Architekturdetail treffen. *Federico da Montefeltro*, Herzog von Urbino, ließ in Anlehnung an sein Stammhaus 1471–74 einen allerdings wesentlich kleineren Palast errichten. Auch hier baute *Francesco di Giorgio Martini*, vermutlich nach Plänen

Porta dei Morti – der Palazzo Bargello an der Via dei Consoli besitzt eine dieser höher gelegenen Totentüren, die nur zu Beerdigungen geöffnet werden

Francesco Lauranas. Besonders gefällig sind die feinen Kapitelle und die elegante Ecklösung im Cortile – aus Platzmangel bildet die hintere Flanke drei statt vier Bögen aus. Von der *Via della Cattedrale* – direkt beim Durchgang des Palazzo Ducale – öffnet sich eine **Terrasse** mit Bar und mit traumhafter Aussicht (Abb. S. 103). Von hier hat man auch den schönsten Blick auf den Palazzo dei Consoli. Nach einer Rast kann man weitere Winkel Gubbios erkunden. Bei der *Porta Romana* warten einige interessante Kirchen auf Besucher. Die zweischiffige **San Marziale** 11 wurde im 12. Jh. über den Ruinen eines römischen Tempels erbaut. Die **Chiesa Nuova** 12 birgt ein Meisterwerk der Eugubinischen Malschule: *Ottaviano Nellis* ›Madonna del Belvedere‹ (1403–13) besticht durch Eleganz, märchenhafte Detailvielfalt und kostbares Kolorit. Außerhalb des Stadttors steht die Chiesa **Sant'Agostino** 13, für die Nelli, der Hauptvertreter der umbrischen Gotik, den Chorraum mit 26 Szenen aus der Vita des hl. Augustinus schmückte (1422–24).

Vegetarier, Tierfreunde und Franziskusverehrer sollten noch den viertelstündigen Spaziergang durch Neubauviertel auf sich nehmen, um die Chiesa **S. Maria della Vittoria** 14 aufzusuchen. Denn hier erinnert eine Statue im Hof an Frate Lupo, den reißenden Wolf von Gubbio, dem der Heilige die Hand reichte und ihn damit zu frommer fleischloser Lebensweise bekehrte.

Ebenfalls außerhalb der Stadtmauern liegt das **Teatro Romano** 15, das aus dem 1. Jh. v. Chr. stammt. Mit einem Durchmesser von 70 m gehört die 6000 Zuschauer fassende Anlage zu den größten Italiens. Alljährlich im Juli/August finden hier Festspiele statt (Informationen bei IAT, s. u.).

Zum krönenden Abschluss bietet sich ein Ausflug mit der Seilbahn (Funivia) auf den *Monte Ingino* (903 m) an. In 827 m Höhe wurde 1514 die Wallfahrtsbasilika **Sant'Ubaldo** für den Stadtpatron Gubbios erbaut, im Auftrag der Herzoginnen Elisabetta und Eleonora della Rovere. Jugendstilfenster erzählen seine Vita, u. a. wie er Gubbio vor der Eroberung durch Kaiser Barbarossa schützte. Seine Gebeine ruhen in einem Glassarkophag. In Sant'Ubaldo werden auch die *Ceri*, die 6 m hohen Holzkerzen für das Stadtfest, aufbewahrt.

Von Gubbio aus führen Ausflüge ins bergige Hinterland nach **Scheggia** mit der Kamaldulenserkirche *S. Maria di Sitria*, die vom Ordensgründer San Romualdo um 1000 errichtet wurde, und zum **Parco Regionale di Monte Cucco** (1566 m). Dort sind Höhlenwandern durch die Grotta del Monte Cucco, Drachenfliegen und Skitouren im 1150 m hoch gelegenen Ranzo angesagt.

i Praktische Hinweise

Information

IAT, Piazza Oderisi 6, Gubbio, Tel. 07 59 22 06 93, Fax 07 59 27 34 09

Hotels

*****Bosone**, Via XX Settembre 22, Gubbio, Tel. 07 59 22 06 88, Fax 07 59 22 05 52. Ruhiges, gepflegtes, zentral gelegenes Palazzo-Hotel.

***Il Faro Rosso**, Fraz. Montanaldo, Gubbio, Tel. 07 63 39 00 28, Fax 07 63 39 02 35. Bei Italienern beliebter Agroturismo mit ausgezeichenter Küche (eigene Viehzucht) und tollem Panorama-Pool.

***La Locanda del Duca**, Via Piccardi, Gubbio, Tel. 07 59 27 77 53. Preiswertes kleines Hotel mit einfachen Zimmern.

Restaurant

Taverna del Lupo, Via Giovanni Ansidei 6, Gubbio, Tel. 07 59 27 43 68, Fax 07 59 27 12 69. Bei hausgemachten Passatelli-Nudeln mit Trüffeln und gefüllten Wildtauben wäre auch der Wolf von Gubbio vor seiner Bekehrung satt geworden. Ein Klassiker der umbrischen Küche mit Degustationsmenü in historischem Ambiente (Mo geschl.).

31 Gualdo Tadino

Auf den Spuren der letzten Goten.

Der ›Kampf um Rom‹ wurde in Gualdo Tadino entschieden. Denn hier verlor der Ostgotenkönig Totila 552 n. Chr. gegen den byzantinischen Feldherrn Narses Schlacht, Reich und Leben. Der Ortsname der einstigen Wegstation der Via Flaminia klingt allerdings noch heute germanisch: Gualdo bedeutet auf Langobardisch Wald. Der eher moderne, zersiedelte Ort ist für seine Keramikproduktion – Stücke mit mythologischen Themen und goldener oder rubinroter Glasur – bekannt und tritt damit in Konkurrenz zur Keramikstadt Deruta [s. S. 43]. Das Erdbeben 1997 hat Gualdo Tadino schwer in Mitleidenschaft

Epizentrum 1997 – das kleine Bergstädtchen Nocera Umbra liegt schön, aber leider mitten im Erdbebengebiet

gezogen. Der **Duomo San Benedetto** wurde allerdings inzwischen restauriert. Seine Hauptfassade mit den drei reich dekorierten Portalen und der von einem doppelten Säulchenkranz gebildeten Mittelrosette stammt noch von 1256. Das Innere dagegen wurde Ende des 19. Jh. gotisierend erneuert.

In der alten Stauferfestung **Rocca Flea** ist heute die umfangreiche *Pinacoteca Comunale* (Tel. 075 91 66 47, Mo–Fr 10–13, 15–19, Sa/So 10–19 Uhr) beheimatet.

Gualdo Tadino bietet sich als Ausgangspunkt für Bergwanderungen an. Ein besonders schöner Ausflug führt zur **Conca di Valsorda** (1000 m), einer quellenreichen Hochebene mit zwei Seen und Alpenvereinshütte.

32 Nocera Umbra

Idyllisches, auf einem Hügel hoch über dem Tal des Topino gelegenes Städtchen.

Hier ist man direkt an der Quelle: In ganz Italien wird Nocera Umbra wegen seines guten Mineralwassers geschätzt. Die Touristen kommen wohl eher wegen der reizvollen Lage des Städtchens auf einem Felssporn hoch über dem Tal des Topino. Der Kurort, der auf die umbrische Bergsiedlung *Noukria* zurückgeht, wurde vom Erdbeben 1997 schwer in Mitleidenschaft gezogen. In den letzten Jahren wurden viele Schäden behoben, doch noch immer sind Gebäude in der verwinkelten Altstadt restaurierungsbedürftig.

Von der *Porta Vecchia* steigt der Corso Vittorio Emanuele Richtung Dom stetig an und passiert die bogenüberspannte mittelalterliche Gasse *Portico San Filippo*. Die **Chiesa San Francesco** an der Piazza Caprera ist mit Freskenzyklen aus dem 15./16. Jh. – überwiegend von *Matteo da Gualdo* und seinem Umkreis – geschmückt. Die bedeutendsten Exponate sind ein 1443 geschaffenes Polyptychon *Alunnos* mit der ›Geburt Christi‹ und der ›Krönung Mariä‹, ein bemaltes *Triumphkreuz* (ca. 1290) aus dem Umfeld des Franziskusmeisters sowie ein *Meilenstein* von der Via Flaminia.

Der **Duomo S. Maria Assunta** wurde 1448 auf den Fundamenten eines romanischen Vorgängerbaus errichtet, von dem nur das Portal erhalten blieb. Heute präsentiert sich die Kirche im barocken Gewand (18. Jh.). Auf der gegenüberlie-

Bühnenhaft inszeniert auf der Piazza San Benedetto von Norcia: der hl. Benedikt, seine Kirche und der Palazzo Comunale. In den Nebenrollen – die Spaziergänger

genden Seite ragt der einzig verbliebene *Turm* der Burg der Trinci aus Foligno einsam in die Höhe. Er erinnert an schauerliche Selbstjustiz. 1421 stach hier der Burgvogt seine Frau und das Oberhaupt der Trinci nieder, weil er sie beim Ehebruch ertappt hatte.

i Praktische Hinweise

Unterkunft

Agriturismo La Costa, Loc. Coste 5, Nocera Umbra, Tel. 07 42 81 00 42. Einfache Zimmer mit Bauernmöbeln im Ambiente des 13. Jh. Als besondere Attraktion werden Kochkurse angeboten.

Restaurant

Villa della Cupa, Loc. Colle Umbra, Nocera Umbra, Tel./Fax 07 42 81 06 66. Hier kocht der Universitätsdozent Franco Rambotti herrliche Spezialitäten aus seiner Heimat. Als Hauptgang gibt es z. B. Damwildschmankerln. Daneben bietet das Haus auch geokulinarische Spaziergänge und Fangokuren an.

Benedikt von Nursia, der Begründer des abendländischen Mönchtums

Nur wenige Heilige haben die katholische Kirche so geprägt wie der Patriziersohn Benedikt aus dem römischen Nursia. Seine berühmte, nach 534 verfasste ›**Regula Benedicti**‹ ist seit einem Erlass Karls des Großen von 817 Grundlage aller katholischen Mönchsgemeinschaften.

Nach Einsiedlerjahren in Subiaco schuf Benedikt mit zwölf Gefährten in **Montecassino** das Urmodell des von einem streng-gütigen Abt geleiteten Klosters. Damit wurde dem orientalisch geprägten Wander- und Eremitenmönchtum das abendländische Konzept eines auf Arbeit und Gebet gegründeten straff organisierten Mönchtums gegenübergestellt: ›**Ora et labora**‹. Erst durch Benedikts Ideen konnten sich die Klöster zu den wichtigsten Kultur- und Bildungsträgern des Mittelalters entwickeln.

33 Norcia

Von Mönchen und Metzgern.

Sieht man einmal vom *hl. Benedikt von Nursia* ab – der Anlass für eine Fahrt in das auf der weiten Hochebene des *Piano di S. Scolastica* gelegene und von hohen Bergen gerahmte Norcia ist meist kulinarischer Natur. Denn Erdbeben über Erdbeben haben von der mittelalterlichen Stadt nur wenig übrig gelassen. Geblieben aber ist die in Mittelitalien und darüber hinaus gerühmte Tradition der Wurstmacherei.

Die **Porta Romana** bildet den triumphalen Eingang zum *Corso Sertorio*, der Hauptachse der Altstadt. Vorbei an den Girlanden hausgemachter Wildschweinswürstchen, die die Fassaden der Lebensmittelläden schmücken, gelangt man zur *Piazza San Benedetto*, an der sich die wichtigsten Sehenswürdigkeiten aneinander reihen. In der Mitte des Platzes verteilt eine überlebensgroße Statue des hl. Benedikt ihren Segen.

Die Chiesa **San Benedetto** wurde 1389 über dem Geburtshaus des Heiligen und

seiner Zwillingsschwester *Scholastika* errichtet, musste infolge von Erdbebenschäden im Laufe der Jahrhunderte aber immer wieder restauriert werden. Das fein gearbeitete gotische Portal wird von zwei Nischen mit den Statuen Benedikts und Scholastikas gerahmt. Rechts überragt ein gedrungener Glockenturm die *Loggia dei Mercanti* (17. Jh.), unter der alte geeichte Steinfässer die alten kommunalen Maßeinheiten belegen. Das *Kircheninnere* wurde im 18. Jh. umgestaltet. Im linken Querschiff hängt ein interessantes Gemälde *Filippo Napoletanos*, ›Der Gotenkönig Totila kniet vor Benedikt‹. In der Krypta zeigt ein modernes Bild Benedikt und seine Schwester als Babies.

Von der **Cioccolateria Vetusta Nursia** gleich links neben der Kirche geht eine süße Verlockung aus. Exquisite Spezialität ist Tartufo al tartufo, Schokotrüffel mit echten Trüffelsplittern.

Der **Palazzo Comunale** nimmt die Ostseite der Piazza ein. Im Erdgeschoss besitzt er eine offene Halle aus dem 14. Jh., das Obergeschoss stammt von 1876. Die **Castellina**, das Kastellchen, auf der gegenüberliegenden Platzseite mit den abgeschrägten Mauern ist typisch für die niedrig-massive erdbebensichere Bauweise Norcias. 1554–63 wurde die schlichte Anlage vom Baumeister der Peterskir-

Die Chiesa Sant'Agostino in Norcia birgt Fresken aus dem 14.Jh.

Piano Grande bei Castelluccio – grandiose Weite und sanfte Wohlgestalt, dazu die stille Gemeinschaft sanfter Hügel und mächtiger Bergschultern, ein Traumbild der Natur ▷

che, Vignola, errichtet. Auch der benachbarte **Duomo S. Maria Argentea**, ein Bau von 1560, weist trutzige Mauern auf. Genutzt hat es nichts, denn immer wieder zwischen 1703 und 1997 gab es Erdbebenschäden.

Über die Via Anicia erreicht man die schönste gotische Kirche Norcias, die Chiesa **Sant'Agostino**. Ein Fresko von 1368 über dem Spitzbogenportal zeigt die ›Madonna mit Kind und den hll. Agostino und Nicola da Tolentino‹. Das *Innere* wurde im 17. Jh. restauriert und mit kostbaren Schnitzaltären, die gewundene salomonische Säulen besitzen, geschmückt. Man achte auch auf den Orgelprospekt mit Karyatiden und Posaune blasenden Engeln.

Hinter Sant'Agostino liegt *Capolaterra*, das frühere Stadtviertel der Hirten, dessen Häuser noch niedriger sind als im Rest der Stadt. Ein fein gearbeitetes Kleinod hier ist der **Tempietto** an der Via Umberto. Der Votivschrein von 1354 wirkt mit seinen umbrischen Rundbögen fast frührenaissancehaft. Ganz im Gegensatz dazu steht der riesige baufällige Kasten der **Chiesa San Giovanni** mit ihren abgeschrägten erdbebensicheren Mauern.

Wie im Schlaraffenland – in den Salumerie von Norcia hängen die Schaufenster voller Schinken und Würste

i Praktische Hinweise

Unterkünfte

*****Posta**, Via C. Battisti 10, Norcia, Tel. 07 43 81 74 34. Hotel in der ehem. Poststation, mit einem Restaurant, das hervorragende Trüffelgerichte serviert.

Monastero delle Benedettine di Sant'Antonio, Via delle Vergini 13, Norcia, Tel. 07 43 82 82 08. Einfache Unterkunft im Benediktinerinnenkloster. Wer länger als drei Tage bleibt, kann Halbpension haben.

Restaurants

Benito, Via Marconi 4, Norcia, Tel. 07 43 81 66 70. Kleine Hotel-Trattoria mit bodenständiger Küche.

Granaro del Monte, Via Alfieri 12, Norcia, Tel. 07 43 81 65 13. Solides Restaurant mit offenem Kamin in einem päpstlichen Kornspeicher des 16. Jh. Die Küche brilliert mit Lamm, Hochlandlinsen und den lokalen luftgetrockneten Schinken (Di geschl.).

Taverna de' Massari, Via Roma 13, Norcia, Tel. 07 43 81 62 18. Nettes kleine-

res Lokal. Spezialitäten sind Ravioli mit Ricotta und Steinpilzen sowie getrüffelte Forellen (im Winter Di geschl.).

34 Castelluccio

Wandern, Skifahren und Paragliding.

Die Fahrt von Norcia in das in den *Monti Sibillini* gelegene Bergdorf ist im Juni am schönsten, wenn in der Ebene von Castelluccio die Linsen in Blüte stehen. Man fährt zunächst Richtung *Forca Canapine*: An der Grenze zu den Abruzzen liegt ein *Skigebiet* mit Liften und Hüttenzauber (Saison Dez.–Febr.). Kurz vorher biegt man nach Castelluccio ab und hat plötzlich eine atemberaubende Landschaft vor sich. Am Ende einer weiten Hochebene, dem 18 km langen, aus einem Karstsee entstandenen *Piano Grande*, liegt auf einem Hügel in 1452 m Höhe der Ort Castelluccio. Rechts wird das Panorama von den steil abfallenden, meist bis ins späte Frühjahr schneebedeckten Hängen des *Monte Vettore* – der Gipfel (2476 m) liegt bereits in den Marken – begrenzt.

Castelluccio, außerhalb der sommerlichen Wandersaison eine eher gottvergessene Ansammlung niedriger Hütten, ist berühmt für seine winzigen *Hochlandlinsen*. Sie werden im April gesät und im

Wandern wie Tannhäuser

Castelluccio ist Ausgangspunkt für herrliche Wanderungen im Nationalpark der **Monti Sibillini**, der auf das Gebiet der Marken und Abruzzen übergreift (Wanderkarten vom Club Alpino Italiano sind u. a. im Hotel Sibilla erhältlich). Der klassische Aufstieg beginnt bei der Passhöhe TOP TIPP **Forca di Presto** (Rifugio degli Alpini, 4–5 Std.). Von dort aus geht es auch über Kletterwege zur **Grotta della Sibilla**, die dem Gebirge den Namen gab. Der legendenumwobene Ort gilt als der Venusberg des Tannhäuser. Die Grotte wurde im 17. Jh. von den kirchlichen Autoritäten zugemauert, weil sie als Versammlungsort von Zauberern fungierte.

August als Schoten geerntet, aus denen man nach kurzer Trockenzeit die Früchte spelzt. Man kann sie im Ort kaufen, empfohlen wird die Top-Qualität, die nicht durch kleine Steinchen verunreinigt ist. Gut ist auch der Hirtenkäse aus eigener Produktion. Weitere Erwerbszweige sind die Huskyzucht und der Sporttourismus, vor allem Drachenfliegen.

Hinter Castelluccio breitet sich eine zweite, kleinere Ebene aus. Sie trägt den schauerlichen Namen *Piano Perduto* (verlorene Ebene). Da sich hier früher bei dichtem Winternebel häufig Menschen verirrten, mussten oft tagelang die Glocken geläutet werden, um die Verlorenen wieder auf den richtigen Weg zu bringen.

i Praktische Hinweise

Hotel

***Sibilla**, Castelluccio, Tel. 07 43 82 11 13. Einfache, zweckmäßige Unterkunft. Paraglider sind willkommen.

Restaurants

La Campagnola, Castelluccio, Tel. 07 43 82 11 46. Ganzjährig geöffnete Bar an der Piazza mit kleinen Snacks (Mi geschl.).

Taverna Castelluccio, Castelluccio, Tel. 07 43 87 01 58. Linsen und Lamm ohne Schnickschnack (Mi geschl.).

35 Cascia

Das Grab der hl. Rita zieht Pilgerscharen aus ganz Italien an.

Das im Bergland gelegene Cascia zählt zu den meistbesuchten Pilgerstätten Italiens. Hier wird die *hl. Rita* verehrt. Kunsthistorische Schätze aus dem Mittelalter darf man jedoch nicht erwarten. Schließlich wurde Rita (1381–1457) erst 1900 heilig gesprochen. Seitdem jedoch reißt der Strom der Gläubigen nicht mehr ab. Pilgerhospize, Hotels und die Wallfahrtskirche der Heiligen prägen das Stadtbild.

Das **Santuario di S. Rita** wurde 1937–47 vom Vatikanarchitekten *Spirito Maria Chiapetta* im byzantisierenden Stil mit dem Grundriss in Form eines griechischen Kreuzes errichtet. Am Portal sind Episoden aus dem Leben der Heiligen zu sehen, das *Innere* ist mit kostbaren Gesteinsarten geschmückt. Die Zelle und der ursprüngliche Sarkophag der Heiligen können im benachbarten *Kloster* besichtigt werden.

Rita war mit einem brutalen Kriegsmann verheiratet. Als dieser während einer Fehde erschlagen wurde, wünschte sie sich den Tod ihrer beiden Söhne, damit diese den Vater nicht rächen konnten. Als die beiden einer Pestepidemie erlagen, trat Rita einem Augustinerinnenkonvent bei. Hier hatte sie 1442 eine Art Stigmatisationserlebnis: Ein Dorn aus der Dornenkrone Christi drang in ihre Stirn ein. Am 22. Mai 1457 wurde sie von einem vierjährigen Krankenlager erlöst, wobei ein erstes Wunder geschah: In ihrer Todesstunde begannen die Glocken von selbst zu läuten.

Unter den anderen Kirchen des Ortes – sie wurden alle vom Erdbeben des Jahres 1703 in Mitleidenschaft gezogen – sind die Chiesa **S. Maria**, in der Rita 1381 getauft wurde, und die Kirche **San Francesco**, die ein schönes gotisches Chorgestühl besitzt, sehenswert.

Wahre Pilger werden auf den Abstecher in das auf einer Höhe von 707 m gelegene Dorf **Roccaporena** (Linienbus, ca. 6 km westlich von Cascia) nicht verzichten wollen. Hier wurde die Heilige 1381 geboren, und hier lebte sie auch bis zu ihrem Eintritt ins Kloster 1414. Nicht nur in ihrem *Geburtshaus* blüht heute der Ritakult. Auch das Gebäude, in dem sie mit ihrem Ehemann lebte, und die kleine *Chiesa San Domenico*, in der sie getraut wurde, können besichtigt werden.

Der hl. Rita zu Ehren – das monumentale Santuario di S. Rita in Cascia

Auf der Fahrt durch die Valnerina entdeckt man immer wieder kleine, schmucke Bergstädtchen wie Arrone, in dem sogar der Staufer Friedrich II. einmal zu Gast war

Vom Tourismus noch weitgehend unberührt ist das hübsch hergerichtete **Monteleone di Spoleto** (12 km südlich von Cascia). Bei Ausgrabungen kam 1902 ein etruskisches Grab und darin ein spektakulärer Fund zum Vorschein, ein Bronzekarren (*Biga*) mit homerischen Reliefs. Das Original zählt heute zu den Highlights des Metropolitan Museum in New York, eine Kopie kann in der *Chiesa San Gilberto* begutachtet werden.

i Praktische Hinweise

Hotels

****Delle Rose**, Via del Santuario 2, Cascia, Tel. 074 37 62 41, Fax 074 37 62 40. Größtes Pilgergruppenhotel am Platz.

****Roccaporena**, Roccaporena, Cascia, Tel. 07 43 75 49. 80 Zimmer, behindertengerecht; für alle, die im Geburtsort der hl. Rita wohnen wollen.

Rifugio Belvedere, Fraz. Onelli, Cascia, Tel. 074 37 61 72. Schlichte Hüttenzimmer für Wanderer, Vorbestellung empfohlen.

Restaurant

Da Pietro Marchetti, Ruscio di Monteleone, Tel. 074 37 01 11. Landgaststätte, die Dinkelsuppe, *Strascinati* (Nudeln mit Salsiccia und Pecorino) und Lamm vom Rost serviert (Di geschl.). Zwei einfache Zimmer vorhanden.

36 Valnerina

Plan Seite 122

Romanische Kirchen und Klöster in einer idyllischen Landschaft.

Die Fahrt entlang des Oberlaufs der *Nera*, von den Kaskaden von **Terni** [Nr. 24] bis ins Bergland westlich von **Norcia**, führt durch eine der reizvollsten Landschaften Italiens. Bei Ferentillo rücken die dicht mit Eichen bewaldeten Bergschluchten eng zusammen, und die Geschlechtertürme der steil am Hang emporkletternden Felsnester formen eine wildromantische Kulisse. Hier bestimmt im Frühjahr das Rotviolett üppig ausschlagender Judasbäume das Bild südlicher Vegetation. Weiter oben schlängelt sich die forellenreiche, von Weiden gesäumte Nera durch grüne, mit Bergblumen gesprenkelte Wiesen.

Von Terni aus erreicht man zunächst die mittelalterliche Wegstation **Arrone**, wo im Jahr 1240 Stauferkaiser Friedrich II. eine Rast einlegte. In der *Chiesa S. Maria* an der Piazza Garibaldi beeindruckt eine vorzügliche Terrakotta-Gruppe des 16. Jh. mit einer eleganten, das Christuskind stillenden Maria. Sie sitzt zwischen den hll. Johannes d. T. und Benedikt. In der auf einen Felssporn gebauten Oberstadt La Terra birgt die *Chiesa San Giovanni* Fresken des 15. Jh., u. a. einen Gnadenstuhl und Erzengel Michael als Seelenwäger.

Ferentillo, malerisch am Ausgang einer Schlucht den Hang emporkletternd, wird durch die Nera in zwei Ortsteile geschieden. Matterella auf dem rechten Ufer wartet mit einem guten Gemälde des Raffael-Nachfolgers Jacopo Siculo auf, das dieser 1543 für die *Chiesa S. Maria* schuf. Es zeigt Gottvater im Kreise der hll. Lucia, Agathe, Katharina, Barbara und Apollonia. Precetto hingegen wird meist wegen einer makabren Sensation aufgesucht. In der Krypta von *S. Stefano* (Sommer tgl. 10–12.30 und 14.30–19.30 Uhr, Winter tgl. 10–12.30 und 14.30–17 Uhr) kann man Mumien besichtigen. Dem nitrat- und salzhaltigen Boden, auf den die Verstorbenen ohne Einbalsamierung gebettet wurden, ist der gute Konservierungszustand der Mumien zu verdanken.

Nach **San Valentino** verirren sich nur selten Touristen. Wer 4 km vor Scheggino rechts abbiegt, kann in der Pfarrkirche des winzigen Fleckens bäuerlich-umbrische Fresken bewundern, u.a. sind die Pestheiligen Rochus und Sebastian dargestellt. **Scheggino** besaß im Mittelalter eine der wenigen Brücken über die Nera. In der Renaissance war der Ort berühmt für seine Kunstschmiede, hier wurden u.a. die Schmuckgitter für die Peterskirche und das Pantheon in Rom gedrechselt. Das Eisen stammte aus den nahen Gruben von Gavelli und Monteleone. Ein beliebtes Ausflugsziel sind die *Valcasana-Quellen*, wo man Störe und Flusskrebse angeln kann.

Sant'Anatolia di Narco wird von einem noch fast vollständig erhaltenen Mauerring aus dem 14. Jh. umgeben. Berühmtheit erlangte der Ort durch ein florierendes Wirtschaftsunternehmen, dessen moderne Fabrikhalle am Ortseingang liegt. *Urbani* ist Marktführer sowohl im umbrischen wie im internationalen Trüffelwettbewerb.

Von hier kann man einen kurvenreichen Abstecher ins 1152 m hoch gelegene **Gavelli** unternehmen, wo der Raffael-Schüler Lo Spagna zahlreiche Bilder für die *Chiesa San Michele* malte. Im Nera-Tal erreicht man als nächstes **Castel San Felice** mit der romanischen Kirche *San Felice di Narco*. Der syrische Wandermönch Felix, der im 6. Jh. nach Umbrien kam, ist einer der typischen Mönchsheiligen des Tals, die dem jungen Benedikt von Nursia entscheidende spirituelle Anstöße geliefert haben. Besonders reizvoll sind die Reliefs der Kirchenfassade. Unter der Fensterrose sieht man den Heiligen, wie er ei-

Das Auge isst offenbar doch nicht immer mit – umbrische Delikatesse Trüffel

Teurer als Silber – umbrische Trüffel

Bereits die Römer priesen den aphrodisiakischen Wohlgeschmack des Tuber Terrae. Heute hat sich die Wertschätzung dieser **seltenen Delikatesse** in saftigen Preisen niedergeschlagen – ein Kilo Trüffel kann je nach Saison und Qualität leicht über 6000 € kosten, besonders prächtige Einzelstücke noch weitaus mehr. Speisetrüffel gedeihen im Wesentlichen in drei Regionen Europas: im südfranzösischen **Perigord**, im **Piemont** und in Mittelitalien mit Zentrum **Umbrien**. Der edlere **weiße Trüffel**, den man praktisch nur in den Wintermonaten ausgräbt, kommt hauptsächlich im Piemont und im Hinterland von Gubbio vor. Der **schwarze Trüffel** gedeiht das ganze Jahr hindurch. Doch der hoch geschätzte Winterpilz (Pregiato) ist weit aromatischer als der ›billige‹ Sommertrüffel (Scorze), aus dem meist die Trüffelsaucen produziert werden. Trüffel sind Schmarotzer, die an den Wurzeln bestimmter Bäume wachsen, wobei das Aufspüren der Pilze eine Wissenschaft für sich ist. Das schwerfällige und gefräßige **französische Trüffelschwein** wird in Umbrien kaum verwendet. Hier zieht man **Suchhunde** vor. Es gibt in Umbrien die Möglichkeit, bei Trüffelsuchern zu übernachten und mit ihnen auf Pirsch zu gehen: **Agriturismo Bartoli**, Loc. Patrico sul Monteluco, Spoleto, Tel. 07 43 22 00 58, www.agriturismo bartoli.it. Farm mit sechs Zimmern in 1000 m Höhe. Wandern, Reiten, Trüffelpirsch und solide Hausmannskost.

nen Drachen tötet und den Sohn einer Witwe heilt.

Der malerische Ort **Vallo di Nera** hat mit seinen spiralförmig verlaufenden Straßen den für die Valnerina typischen Charakter eines bewohnten Kastells bewahrt. **Cerreto di Spoleto** hingegen ist in die Weltsprachen eingegangen: Der angeblich von dem Gallierfürsten Brennus gegründete Ort trägt seinen Namen nach den trüffelreichen Eichenwäldern. Als wandernde Naturheilkundler, die aus Bergkräutern destillierte Essenzen feilboten, zogen die Bewohner jahrelang durch die Städte Mittelitaliens. Durch Verballhornung von Cerretani mit ciarlare

Artig und adrett komponiertes Ortsbild – inmitten der Valnerina liegt die befestigte kleine Ortschaft Castel San Felice

Ein Leben in der Abgeschiedenheit – Abbazia Sant'Eutizio

(schwatzen) entstand der Begriff **Ciarlatano** (Kurpfuscher, Scharlatan). Der Ort besitzt einen eigenen Kommunalpalast und Kirchen mit Votivmalereien. Das einstige Banditennest **Preci** wiederum hat Medizingeschichte geschrieben: Die europaweit bekannte Chirurgenschule perfektionierte im 16./17. Jh. die Technik des Starstechens. Ein winziges Medizinmuseum im 1. Stock des Rathauses erinnert an diese glorreiche Vergangenheit.

Umbrische Klosterfrömmigkeit pur kann man in der abgelegenen Waldabtei **Abbazia di Sant'Eutizio** erleben. Der syrische Wüstenmönch Eutizius hatte sich im 5. Jh. in die einsame Valle Castoriana zurückgezogen. Später, zwischen dem 9. und 13. Jh., entwickelte sich dann ein blühendes benediktinisches Kloster. Die *Kirche* mit dem auf einem Felsen errichteten Campanile wurde zwischen 1190 und 1235 errichtet. Die Fassade besitzt eine schöne, typisch umbrische Fensterrose mit Evangelistensymbolen. Im Inneren befindet sich das Anfang des 16. Jh. gefertigte Grab des Heiligen. Von der Abtei Sant'Eutizio aus erreicht man über die 1008 m hohe *Forca d'Ancarano* Norcia.

Meisterwerke der Malerei in ländlichen Klosteranlagen – San Pietro in Valle ▷

i Praktische Hinweise

Restaurants

TOP TIPP **Ristorante e Albergo del Ponte**, Via Borgo 15, Scheggino, Tel. 0743 61 2 53, Fax 0743 61 1 31. Das beste Trüffelrestaurant in Umbrien, in dem auch Familie Urbani – führend im internationalen Trüffelwettbewerb – gerne speist. Unbedingt rechtzeitig vorbestellen, denn es gibt nur 20 Plätze. Auch Zimmer sind vorhanden (Mo geschl.).

Picotti Amina, Loc. Castelvecchio, Preci, Tel. 07 43 93 90 84, Fax 07 43 93 90 94. Agriturismo mit großzügigen Zimmern und Pool. Hier kann man sich sein Essen aus dem hauseigenen Anbau zusammenstellen: Linsen, Dinkel oder Kichererbsen.

37 San Pietro in Valle

Plan Seite 122

TOP TIPP *Grablege der Langobarden-Herzöge und frühe Fresken in der Klosterkirche.*

Von Zypressen beschirmt, in die waldreichen Hänge des Monte Solenne geschmiegt – ein Umbrientraum voll malerischer Einsamkeit. Das Kloster San Pietro in Valle mit dem markanten Campanile gehört zu den unvergesslichen Erlebnissen dieses frommen Landes.

Der fünfgeschossige imposante Campanile ist das Wahrzeichen von San Pietro in Valle

Geschichte Die spanischen Eremiten Lazarus und Johannes zogen sich im 6. Jh. in die Grotten des Monte Solenne zurück. Im 8. Jh. wählten die *Langobardenherzöge* von Spoleto den heiligen Ort als Grablege. Nach der Zerstörung durch sarazenische Truppen ließ der Sachsenkaiser *Otto III.* das Kloster 996 wieder aufbauen. 1234 zogen Zisterzienser ein, Anfang des 14. Jh. wurde die Anlage der Lateranskirche in Rom direkt unterstellt. 1484 schließlich verschenkte sie Papst *Innozenz VII.* mitsamt ihren reichen Ländereien an einen Verwandten. Im 19. Jh. wurde das Kloster aufgelöst. In den Gebäuden werden heute Gäste beherbergt.

Besichtigung Wahrzeichen der Klosteranlage ist der fünfgeschossige **Campanile** aus dem 12. Jh. Mit seiner sparsamen Rundbogenfensterung und den kleinen Bogenleisten unter den Ziergesimsen zeigt er lombardische Einflüsse. In seine Wände sind Reliefs aus langobardischer Zeit eingemauert. Romantische Ruhe strahlt der zweigeschossige blumengeschmückte **Klosterhof** aus.

Das flach gedeckte Langhaus der **Kirche** birgt einen der ältesten Zyklen italienischer Wandmalerei aus der 2. Hälfte des 12. Jh., der vor Jahren aufwendig restauriert wurde. Wenn die Bildmotive auch im Wesentlichen noch byzantinischen Archetypen folgen, so kündigt sich in der narrativen Reihung der Szenen schon eigenes italienisches Stilempfinden an. Die linke Wand thematisiert in der Fensterzone die Genesis von der *›Weltschöpfung‹* bis zur *›Vertreibung aus dem Paradies‹*. Darunter erscheinen Kain und Abel, Noah, Abraham und Isaak. Gegenüber ist das *Christusleben* dargestellt. Der Hauptaltar im Chor besteht aus langobardischen Marmorplatten. Die Schauwand, das *Paliotto* (739–742), hat Herzog Hildericus gestiftet. Man sieht drei Tragkreuze, einen Beter und einen Mann mit Meißel: *Meister Ursus*, wie die Inschrift verrät – das erste Selbstporträt eines Künstlers seit der Antike.

i Praktische Hinweise

Unterkunft

Abbazia di San Pietro in Valle, Tel. 07 44 78 01 29, www.sanpietroinvalle.com. 16 schön eingerichtete Zimmer in Klosterambiente (Ende März–Okt. und Silvester geöffnet).

Restaurant

Il Cantico, San Pietro in Valle, Tel. 07 44 78 00 05. In einem Trakt des Klosters wird umbrische Spitzenküche zelebriert, z. B. gefülltes Perlhuhn oder Gnocchi mit Krebsen (Mo mittags geschl.).

Umbrien aktuell A bis Z

Vor Reiseantritt

ADAC Info-Service:
Tel. 018 05/10 11 12, Fax 018 05/30 29 28 (0,14 €/Min.)

ADAC im Internet:
www.adac.de
www.adac.de/reisefuehrer

Italien im Internet:
www.enit-italia.de
www.enit.at,
www.enit.ch

Umbrien im Internet
www.umbria2000.it
www.umbriaonline.com
www.bellaumbria.net

Informationen erteilt das **Staatliche Italienische Fremdenverkehrsamt ENIT** (Ente Nazionale Italiano per il Turismo):

Prospektbestellung:
Tel. 008 00 00 48 25 42 (gebührenfrei)

Call-Center innerhalb Italiens:
Tel. 800 11 77 00 (gebührenfrei)

Deutschland
Kaiserstr. 65, 60329 Frankfurt/Main, Tel. 069/23 74 30, Fax 069/23 28 94, enit.ffm@t-online.de

Kontorhaus Mitte, Friedrichstraße 187, 10117 Berlin, Tel. 030/2 47 83 98, Fax 030/2 47 83 99, enit-berlin@t-online.de

Lenbachplatz 2, 80333 München, Tel. 089/53 13 17, Fax 089/53 45 27 enit-muenchen@t-online.de

Österreich
Kärntnerring 4, 1010 Wien, Tel. 01/5 05 16 39, Fax 01/5 05 02 48 delegation.wien@enit.at

Schweiz
Uraniastr. 32, 8001 Zürich, Tel. 043/ 466 40 40, Fax 043/466 40 41, info@enit.ch

Allgemeine Informationen

Reisedokumente

Personalausweis oder Reisepass, für Kinder unter 16 Jahren ein Kinderausweis oder Eintrag im Elternpass.

Kfz-Papiere

Neben Führerschein und Fahrzeugschein empfiehlt es sich, die *Internationale Grüne Versicherungskarte* mitzunehmen. Wer einen fremden Wagen fährt, benötigt eine Vollmacht des Fahrzeugbesitzers.

Krankenversicherung

Seit dem 1. Januar 2006 ist die Europäische Krankenversicherungskarte in die übliche Versicherungskarte integriert. Sie wird in ganz EU-Europa anerkannt und garantiert die medizinische Versorgung.

◁ *Eine Reise durch Umbrien: Straßencafé in Perugia* (**oben links**), *auf Besuch bei der hl. Rita in Cascia* (**oben rechts**), *Treffpunkt Domtreppe in Perugia* (**Mitte**), *Mittelalterfestival in Assisi* (**unten links**), *die Vielfalt umbrischer Vorspeisen* (**unten rechts**)

Sicherheitshalber empfiehlt sich jedoch der Abschluss einer zusätzlichen Reisekranken- und Rückholversicherung.

Hund und Katze

Für Hunde und Katzen ist bei Reisen innerhalb der EU ein gültiger, vom Tierarzt ausgestellter EU Heimtierausweis vorgeschrieben, ebenso Kennzeichnung durch Mikrochip oder Tätowierung. Bis zum Jahr 2011 gelten Überagangsregelungen.

Für Hunde sind zudem Leinen und Maulkorb mitzuführen.

Zollbestimmungen

Reisebedarf für den persönlichen Gebrauch obliegt innerhalb der EU keinen Beschränkungen und darf abgabenfrei eingeführt werden. Es gelten allerdings Richtmengen für den Privatreisenden: 800 Zigaretten, 400 Zigarillos, 200 Zigarren, 1 kg Tabak, 10 l Spirituosen, 20 l Zwischenerzeugnisse, 90 l Wein (davon max. 60 l Schaumwein), 110 l Bier.

Bei Reisen von und durch Drittländer (Schweiz) dürfen zollfrei mitgeführt werden: 1 Stange Zigaretten, 1 l Spirituosen über 22% oder 2 l Spirituosen unter 22%,

50 ml Parfum, 250 ml Eau de Toilette, 500 g Kaffee und 100 g Tee.

Geld

Die gängigen *Kreditkarten* werden in Banken, in Hotels und den meisten Geschäften akzeptiert. An zahlreichen Geldautomaten kann man rund um die Uhr Geld abheben. Auch mit der *Postbank SparCard* erhält man an VISA PLUS-Automaten rund um die Uhr Geld.

Tourismusämter im Land

Die Tourismusämter in Umbrien sind jeweils im Haupttext unter **Praktische Hinweise** vermerkt. Öffnungszeiten: meist 9–12.30 und 15–19.30 Uhr. In kleineren Orten nur während der Saison Mai–Sept.

Notrufnummern

Einheitlicher Notruf: Tel. 112 (EU-weit, auch mobil: Polizei, Unfallrettung, Feuerwehr)

Bei *Autopannen* leistet der **ACI-Pannendienst** (Soccorso Stradale), Tel. 80 31 16, Mobil-Tel. 800 11 68 00, rund um die Uhr Hilfe. Man beachte die gelben, etwa alle 2 km zu findenden *Notrufsäulen* an den Autobahnen.

ADAC-Notrufstation Mailand:
Tel. 02 66 15 91 (rund um die Uhr, mehrsprachig)

ADAC-Notrufzentrale München:
Tel. 00 49/89/22 22 22 (24-Std.-Service)

ADAC-Ambulanzdienst München:
Tel. 00 49/89/76 76 76 (24-Std.-Service)

Österreichischer Automobil Motorrad und Touring Club
ÖAMTC Schutzbrief Nothilfe:
Tel. 00 43/(0)1/251 20 00

Touring Club Schweiz
TCS Zentrale Hilfsstelle:
Tel. 00 41/(0)224 17 22 20

Apotheken

Die *Apotheken* haben normale Ladenschlusszeiten, die Adressen der jeweiligen Nachtapotheken hängen an jeder Apotheke aus.

Diplomatische Vertretungen

Deutsche Botschaft, Via S. Martino della Battaglia 4, 00185Rom, Tel. 06 49 21 31, Fax 064 45 26 72, www.rom.diplo.de

Österreichische Botschaft, Via Pergolesi 3, 00198Rom Tel. 068 44 01 41, Fax 068 54 32 86, www.bmaa.gv.at

Österreichisches Konsulat, Viale di Liegi 32, Rom, Tel. 068 55 29 66, Fax 06 85 35 29 91

Schweizer Botschaft und Konsulat, Via Barnaba Oriani 61, 00197 Rom, Tel. 06 80 95 71, Fax 068 08 85 10, www.eda.admin.ch/roma

Besondere Verkehrsbestimmungen

Tempolimits (in km/h): Für Pkw, Motorräder und Wohnmobile gilt innerorts 50, außerorts 90, auf Schnellstraßen 110 und auf Autobahnen 130 (Erhöhung auf 150 geplant) bei Regen jedoch nur 110. Für Wohnmobile über 3,5 t gilt außerorts 80, auf Autobahnen 100; Pkw mit Anhänger dürfen außerorts und auf Schnellstraßen max. 70, auf Autobahnen 80 fahren.

Auf allen Straßen außerhalb von Stadtzentren und Orten muss auch tagsüber mit *Abblendlicht* gefahren werden. Motorräder müssen grundsätzlich mit Abblendlicht fahren. Es besteht *Anschnallpflicht* und für Lenker und Mitfahrer von Zweiradfahrzeugen *Sturzhelmpflicht*. Kinder unter 12 Jahren müssen auf dem Rücksitz befördert werden. Das *Telefonieren* während der Fahrt ist nur mit Freisprechanlage erlaubt. Das *Nationalitätenkennzeichen* ist Pflicht, es sei denn, das Fahrzeug besitzt ein EU-Kennzeichen.

Die *Promillegrenze* liegt bei 0,5.

Jede Person, die im Falle einer Panne oder eines Unfalls auf offener Straße den Wagen verlässt, muss eine reflektierende *Warnweste* tragen.

Jede Ladung, die nach hinten überragt (Surfbretter, Boote, Fahrradständer) muss mit einer 50 x 50 cm großen rot-weiß-roten reflektierenden Warntafel (ggf. mit Rückstrahlern) versehen sein. Keine Ladung darf über die Vorderkante des Fahrzeugs hinausragen.

Öffentliche *Parkplätze* sind durch weiße oder blaue Markierungen gekennzeichnet. Die ›blauen‹ Parkplätze sind gebührenpflichtig. Parkverstöße und Geschwindigkeitsüberschreitungen werden mit besonders hohen *Geldbußen* geahndet.

Zeitschriften, Zeitungen

Umbrer lesen gerne den *›Corriere dell' Umbria‹* mit ausführlichen Lokalnotizen und Veranstaltungshinweisen. Daneben gibt es überall die großen nationalen Blätter wie *›La Repubblica‹* und *›Corriere della Sera‹*. Deutschsprachige Presse erhält man in Perugia und im Sommer am Trasimenischen See meist noch am Erscheinungstag. Trüffel- und Trüffelhundefreunde werden ihre Freude an dem Spezialmagazin ›*Tuber*‹ haben.

Anreise

Auto

Umfangreiches **Informations- und Kartenmaterial** können Mitglieder des ADAC kostenlos bei den ADAC Geschäftsstellen oder unter Tel. 018 05/10 11 12 (0,14 €/Min.) anfordern.

Für die *Alpenüberquerung* bieten sich verschiedene Pässe an, über Österreich die Brennerautobahn, der Felbertauerntunnel und der Plöckenpass, über die Schweiz der Splügenpass, der St. Gotthard-Tunnel oder der Simplonpass.

Die österreichischen und Schweizer Autobahnen sind **mautpflichtig** (*Vignetten* beim ADAC oder an den Grenzstationen). Die **Autobahngebühren** in Italien werden nach Fahrzeugklasse und zurückgelegter Strecke berechnet. Die Maut wird bei der Autobahnabfahrt in Euro oder Fremdwährung bezahlt.

Besitzer der *Viacard* (beim ADAC; in Italien bei Banken, Sparkassen und an Kiosken zu 25 € und 50 € erhältlich) werden an vielen Mautstellen auf eigenen Fahrspuren bargeldlos abgefertigt. Achten Sie darauf, dass noch genügend Kredit auf Ihrer Viacard vorhanden ist, um die Gebühr zu bezahlen bzw., dass Sie in Besitz einer zweiten Viacard sind, denn fehlende Beträge können nicht mit Bargeld beglichen werden.

In Umbrien selbst ist nur die Trasse der *Autostrada del Sole* bei Orvieto gebührenpflichtig, die innerumbrischen Autobahnen dagegen sind als kostenfreie *Superstrada* eingestuft.

Autobahn-Tankstellen sind durchgehend geöffnet, die meisten übrigen Tankstellen Mo–Fr 7–12.30 und 15–19 Uhr. Am Wochenende ist Schichtdienst. Auf Hauptstrecken gibt es *SB-Tanksäulen*, die Geldscheine zu 5 €, 10 € und 20 € annehmen.

Bahn

Die Schnellzugstation **Orvieto** liegt direkt an der Hauptstrecke Brenner–Verona–Florenz–Rom. Alle anderen umbrischen Zentren erreicht man erst nach *Umsteigen*: im toskanischen Terontola-Cortona für den Lago Trasimeno, Perugia und den Norden, in Orte (Latium) für Terni, Spoleto und den Süden. Für Reisende aus Österreich kommt auch die landschaftlich reizvolle Adria-Apenninen-Strecke über Jesi, Fabriano und entlang der Flaminia nach Foligno in Frage. Eine kräfteschonende Alternative stellen **Autoreisezüge** dar. In der Hauptreisezeit ist rechtzeitige Reservierung angeraten.

Fahrplanauskunft

Deutschland

Deutsche Bahn, Tel. 118 61 (gebührenpflichtig), Tel. 08 00/150 70 90 (sprachgesteuert), www.bahn.de

Deutsche Bahn AutoZug, Tel. 018 05/24 12 24 (0,14 €/Min.), www.autozug.de

Österreich

Österreichische Bundesbahn, Tel. 05 17 17, www.oebb.at

Schweiz

Schweizerische Bundesbahnen, Tel. 09 00 30 03 00, www.sbb.ch

Flugzeug

Der **Aeroporto Internazionale dell'Umbria** (Perugia-San Egidio, Tel. 075 59 21 41, Fax 07 56 92 95 62, www.airport.umbria.it, 12 km von Perugia, Busverbindung) wird von Mailand aus angeflogen. Die Standardroute von deutschen, österreichischen und Schweizer Flughäfen geht zum **Aeroporto Internazionle Leonardo da Vinci** in Roma-Fiumicino (28 km außerhalb, Tel. 066 59 51, www.adr.it). Von hier verkehren Busse nach Perugia (210 km) und Terni (120 km). Außerdem gibt es gute Zugverbindungen nach Orvieto und zum Lago Trasimeno. Alternativen bilden die Flughäfen von Florenz, Pisa, Ancona und Rimini.

Bank, Post, Telefon

Bank

Öffnungszeiten: Mo–Fr 8.30–13.30 und 14.30–15.45 Uhr

Post

Öffnungszeiten: Mo–Fr 9–18, Sa 9–12 Uhr

Briefmarken (*Francobolli*) gibt es auch in Tabakläden. Karten und Briefe mit Marken der *Posta prioritata* kommen innerhalb weniger Tage in Mitteleuropa an.

Telefon

Internationale Vorwahlen
Italien 00 39
Deutschland 00 49
Österreich 00 43
Schweiz 00 41

In Italien ist die Ortsnetzkennzahl fester Bestandteil der Telefonnummern und muss **immer** (inkl. der 0) mitgewählt werden. Dagegen fällt bei der Handy-Nr. die 0 weg.

In den Telefonzellen verwendet man **Telefonkarten** (*Scheda telefonica*, perforierte Ecke abreißen), die an den Schaltern der Telecom Italia, in Tabakläden oder bei Verkehrsämtern zu kaufen sind.

Die Benutzung handelsüblicher **Mobiltelefone** ist in ganz Italien möglich.

Einkaufen

Öffnungszeiten: Mo–Sa 8.30/9–12.30/13 und 15.30/16–19.30/20 Uhr. Viele Geschäfte sind einen halben Tag in der Woche, z. B. Mo vormittags, geschlossen. Ferienorte haben erweiterte Öffnungszeiten.

Besonders beliebt als **Souvenirs** sind Lebensmittel: *Grünes Olivenöl* aus Spello oder Montefalco, *Wein* aus Orvieto, Trüffelkäse aus Spoleto, Hochlandlinsen aus Castelluccio oder luftgetrockneter *Schinken* aus dem Bergland von Norcia. Oder *Baci*, die Haselnussschokoküsse aus Perugia mit dem polyglotten Liebesspruch zum Auswickeln. Typische Mitbringsel sind zudem *Olivenholzschnitzereien* aus Assisi, *Majolika* aus Deruta, *Spitzen* von der Isola Maggiore im Trasimenischen See oder die selbst vom Papst begehrten *Leinentücher* der Tela Umbra in Città di Castello. Groß ist die Auswahl an antiken und modernen *Landhausmöbeln*, reizvoll auch die schmiedeeisernen *Designermöbel* der wieder aufblühenden Metallflechtkunst. Wer sich für *Gemälde* interessiert, wird ebenfalls leicht fündig: Viele Maler haben Umbrien zu ihrem Lieblingsatelier erkoren.

Essen und Trinken

Hinweis: Am 10. Januar 2005 wurde das Rauchverbot in Italien auf Bars, Restaurants und Diskotheken ausgeweitet – wenn diese nicht über getrennte Räumlichkeiten mit besonderer Lüftung verfügen. Rauchern drohen Geldstrafen in Höhe von bis zu 275 €.

Viele Italiener ziehen die zwischen Bodenständigkeit und Raffinement changierende umbrische Küche der hoch gelobten toskanischen vor. In Umbrien gibt es alles, was als toskanisch gilt, und noch etwas mehr: Denn hier ist die Küche unverfälschter und meist preisgünstiger. *Delikatessen* wie Wildtauben, Trüffel oder Steinpilze gehören durchaus noch zum normalen und erschwinglichen Speisezettel. Besonders reizvoll ist auch die Wiederbelebung *antiker* und *mittelalterlicher* Rezepte, die bei den großen Volksfesten im Original-Ambiente der Stadtteiltavernen serviert werden.

Nicht nur linguistisch, auch kulinarisch verläuft durch Umbrien die Trennlinie zwischen Nord- und Süditalien. Während zwischen toskanischer und perusinischer Küche nur graduelle Unterschiede bestehen, ist man mit der südumbrischen Hartweizenpasta mit Tomaten-Sugo schon ganz bei der Küche Süditaliens.

Trüffelcrostini und Kleiekäse

Umbrische Sorgfalt ist schon bei den *Crostini* (kleine geröstete Weißbrotscheiben mit Aufstrich) ersichtlich, einer Art Visitenkarte jeden Restaurants. Neben dem vorzüglichen Standardbrot mit säuerlicher Geflügelleber sind hier fantasievolle Varianten anzutreffen: mit Drosselpaste, Trüffelcreme, mit *Salsa francescana* (schwarze getrüffelte Oliven), grüner Spargelspitzenmousse, Steinpilzen oder ganz schlicht mit Olivenöl und Salz (*Bruschetta*). Salami und Schinken sind praktisch überall hausgemacht, in ganz Italien berühmt sind die *Norcinerie* aus Norcia: zarter Berglandschinken, Wildschwein-*Salami* Fenchelpresswurst und Hirschschinken. Auch umbrischer Käse, vor allem der in Kleie gewälzte Hirtenquark, wird nach süditalienischer Manier gern als Antipasto gegessen.

Kichererbsen und Hartweizenpasta

Wie schon die Umbrer und Provinzialrömer der Antike sind auch die modernen Einwohner große Hülsenfruchtesser. Immer wieder verblüfft selbst auf einfachsten Bauernmärkten die Sortenvielfalt an Bohnen und anderen *Legumi*. Wer Glück hat, findet so seltene schlichte Delikatessen wie Saubohnenpüree oder die alte umbrische Sorte *Cicerchie*, eine Mi-

Qual der Wahl – groß ist die Auswahl an guten umbrischen Weinen

Goldener Orvieto und brombeerroter Sagrantino – Weine mit Zukunft

Einst bedeutete umbrischer Wein international nichts anderes als Orvieto, und der nicht immer von bester Qualität. Doch im Sog des Toskanabooms haben auch die umbrischen Weine zu Recht eine große Aufwertung erfahren, und ihre Anbaufläche steigt seit Jahren kontinuierlich.

Der in Tuffgrotten gereifte **Orvieto**, einst Lieblingsgetränk der Päpste, ist durch Produzenten wie Decugnano dei Barbi, Antinori und Barberani wieder zu einem der großen Eliteweine Italiens avanciert. Allerdings wird es immer schwerer, die traditionellen halbtrockenen (abboccato) und süßen (amabile) Sorten zu finden. Doch andere umbrische Spitzenweine machen dem Orvieto längst den Primat streitig. In Torgiano hat Lungarotti ein Wein-Imperium aufgebaut, das mit importierten Reben wie Chardonnay und Cabernet Sauvignon Spitzenergebnisse erzielt. Und der unverschnittene **Sagrantino di Montefalco**, einst ein dunkler hochprozentiger Rotwein von fast brutaler Intensität, hat sich durch Winzer wie Arnaldo Caprai und Decio Fongoli italienweit zu einem klassischen Partner von Wildgerichten entwickelt.

Daneben gibt es manche Entdeckung zu machen. Etwa die trasimenischen Rotweine von Ferruccio Lamborghini oder die Weißweine des oberen Tibertals. Süffige Gaumenfreuden bietet außerdem Südumbrien: Der schwach nach Zimt duftende rote **Carbio** aus den Colli Amerini ist seinen Preis allemal wert. Und nun vier ausgewählte Weingüter:

Chiorri, Via Todi 100, S. Enea/Perugia, Tel. 075 60 71 41, www.chiorri.it. Schön gelegenes Familienweingut mit fair kalkulierten Sangiovese-Rotweinen.

Polidori, Frazi. Pierantonio, Umbertide, Tel. 07 59 41 44 15. Hier gibt es Vini Altotiberini direkt vom Agriturismo Casabaldi. Falls die Verköstigung länger dauert: Es stehen auch Apartments zur Verfügung.

Decugnano dei Barbi, Loc. Fossatello di Corbara, Orvieto, Tel. 07 63 30 81 18. Der beste Öko-Orvieto wird hier geboten. Voranmeldung erwünscht.

Antonelli San Marco, Loc. San Marco, Montefalco, Tel. 07 42 37 91 58. Rosso und Sagrantino di Montefalco sowie eigenes Olivenöl.

schung aus Kichererbsen und Pferdebohnen. Königin der Hülsenfrüchte ist die Berglandlinse: Die teuren aromatischen *Lenticchie di Castelluccio* brauchen als Zutaten nur Wasser, Olivenöl, eine Knoblauchzehe und ein Lorbeerblatt.

Dagegen verblasst, wie in ganz Mittelitalien, die Nudeltradition etwas. Immerhin serviert man in Südumbrien gerne dicke helle Bandnudeln, die *Strangozzi*, *Ciriole* oder *Manfricoli* heißen, mit Peperoni-Tomaten-Sugo. Im nördlichen Perugia hingegen liebt man es eher toskanisch-emilianisch. Hier stehen *Tagliatelle* im Vordergrund. An die Stelle der Tomatensaucen treten Hasenfleisch-Sugo, Wildspargel oder Pilze.

Wildtauben und Karpfenkaviar

Der *Secondo piatto*, die Hauptspeise, ist in Umbrien meist Fleisch von traumhafter Qualität. Die *Bistecca* Umbriens, von frei weidenden Berglandkühen, ist eine der besten Italiens. Weitere Spezialitäten sind Geflügel wie Gänse, Enten, Perlhühner und Wildtauben mit der köstlichen *alla leccarda*-Sauce aus den eigenen Innereien. Kaninchen und Wildschwein steht regelmäßig auf der Speisekarte, schwieriger ist es schon, ein Schmankerl wie *Mazzafegato* aufzutreiben. Die grobe Schweineleberpastete mit Orangeade, Pinienkernen und Rosinen soll ein in die Valnerina verschlagenes Kreuzfahrerrezept sein.

Umbrischen Fisch und Flusskrebse isst man am Lago Trasimeno und Lago di Piediluco. Spezialitäten sind *Regina in porchetta* (Königskarpfen in Schweineschmalzkräuterpaste), Karpfenkaviar und Süßwasserkrebse in grüner Sauce. Im Nera-Tal schließlich wird getrüffelte Forelle serviert.

Marzipanaale und Feigenstrudel

Riesig und je nach Ort höchst unterschiedlich ist auch das Angebot an umbrischen Süßigkeiten (*Dolci*). In Perugia isst man *Torciglioni*, riesige Marzipanaale mit Kirschaugen, in Assisi *Rocciata*, eine Art groben Florentiner. Den Versuch wert sind auch *Castagnacci* aus Kastanienmehl und die vorzüglichen dicken umbrischen *Strudel*, die sich von ihren austro-venezianischen Vorbildern durch Füllmaterialien wie Pinienkerne und Trockenfeigen abheben. Außerdem ist Umbrien eine Hochburg der Schokoladen- und Pralinen-Produktion.

Feste und Feiern

Feiertage

1. Januar (*Capodanno*, Neujahr), 6. Januar (*Epifania*, Heilige Drei Könige), Ostersonntag (*Pasqua*) und Ostermontag (*Pasquetta*), 25. April (*Liberazione*, Fest der Befreiung von Faschismus und deutscher Besatzung 1945), 1. Mai (*Festa del Lavoro*, Tag der Arbeit), 15. August (*Ferragosto*, Mariä Himmelfahrt), 1. November (*Ognissanti*, Allerheiligen), 8. Dezember (*Immacolata Concezione*, Mariä Empfängnis), 25./26. Dezember (*Natale*, Weihnachten).

Feste

Die dramatischen Osterprozessionen der *Settimana Santa* bilden einen Höhepunkt des kirchlichen Festkalenders. In den *Sommermonaten* jagt dann in Umbrien ein Fest das andere. Die meisten haben mit Essen zu tun, sind so genannte *Sagre*, wo man deftig und bodenständig genießen kann: Gänse, Trüffel, Bauernbrot, Kirschen, Froschschenkel oder ein anderes jeweils gefeiertes Produkt. Als erfolgreicher Newcomer gilt *Eurochocolate* in Perugia. Daneben gibt es die großen historischen Feste wie *Calendimaggio* in Assisi oder *Festa dei Ceri* in Gubbio. Diese haben freilich aufgrund des Touristenandrangs ihren Volksfestcharakter teilweise eingebüßt und sich in perfekt inszenierte telegene Spektakel verwandelt. Besonders reizvoll sind hingegen urige Mittelalterfeste mit historischen Tavernen wie die *Corsa dell'Anello* in Narni oder die Feste in Bevagna und Montefalco.

Über die genauen Termine informieren Tourismusbüros und Internet [s. S. 127].

Januar

Umbrien: Bis *Beffana* (6.1.) sind Weihnachtskrippen ausgestellt. Am 27. Januar feiert **Trevi** den Märtyrerheiligen Sant' Emiliano mit einer Fackelprozession.

Februar

Acquasparta, Bevagna: *Karneval* mit Maskenkarren.

Terni: Am 14.2. wird San Valentino gedacht, des Patrons der Liebenden.

März/April

Umbrien: Die *Settimana Santa*, die Karwoche, ist eine eigene Reise wert. Prozessionen finden praktisch in jedem Ort statt, besonders sehenswert sind sie in Cascia, Assisi und Gualdo Tadino.

April/Mai

Assisi: Beim *Calendimaggio* wird in historischen Kostümen die liebestolle Jugend des hl. Franziskus nachgespielt. Höhepunkt des Treibens ist ein Sängerwettstreit (1. Do bis Sa).

Narni: Die *Corsa dell'Anello* ist das herzlichste und unverfälschteste der großen Feste Umbriens. Anlässlich des Ringelstechen sind auch viele Künstlerateliers geöffnet und die Stadtterzieri wetteifern mit schmackhafter Küche in historischen Tavernen (April/Mai).

Gubbio: Bei der *Festa dei Ceri*, einem ›Heiligenrennen‹, werden zentnerschwere Holzidole im Sturmschritt bergauf geschleppt (15. Mai).

Spello: Bei der *Infiorata* zu Fronleichnam wird der Corso mit einem Bilderteppich aus frischen Blüten bedeckt.

Juni

Bevagna: Beim *Mercato delle Gaite* lebt das Mittelalter wieder auf: verrauchte Tavernen, Hanfwinder, Marketenderinnen und Armbrustschützen (letzte Juni-Woche).

Foligno: Bei der *Giostra della Quintana*, dem größten und aufregendsten Ritterspiel der Region wird mit bloßen Lanzen um die Huld der holden Damen gestochen.

Lago di Piediluco: Nächtliche Barkenprozessionen und klassische Musik auf dem See (Juni/Juli).

August

Città della Pieve: Beim *Palio dei Terzieri* zielen die Pfeilschützen der Stadtteile um die Wette (1. So nach Monatsmitte).

Oktober

Perugia: Zur *Eurochocolate* steht die Etruskerstadt 9 Tage lang im Banne der Kakaobohnen.

Trevi: Bei der *Sagra del Sedano Nero gibt es* schwarzen Sellerie für alle.

November

Nocera Umbra: Das Heiligenfest *Festa di San Martino* ist zugleich Weinprobe.

Dezember

Umbrien: In vielen Bergstädten sind, einer Idee des hl. Franziskus folgend, *Presepi viventi*, ›lebende Krippen‹, ausgestellt. Das damit verbundene Weihnachtsshopping zieht scharenweise italienische Touristen an.

Klima und Reisezeit

Die ideale Reisezeit liegt zwischen Mai und September, wenn in Umbrien schönes sonniges Wetter herrscht, zugleich aber aufgrund der Höhenlage für genügend Frische und Kühle gesorgt ist. Auch Frühjahr und Herbst können reizvolle Reisezeiten sein, allerdings mit wechselhaftem Wetter. Nur für ganz Hartgesottene hingegen ist der regnerische Winter zu empfehlen. Denn dann sind die meisten umbrischen Städtchen wie ausgestorben. Lediglich die Weihnachtszeit mit Krippen und Märkten ist interessant. Und wer in Assisi wirklich meditieren möchte, sollte den nebligen Januar wählen.

Klimadaten Perugia

Monat	Luft (°C) min./max.	Sonnen-std./Tag	Regen-tage
Januar	2/7	3	9
Februar	2/9	3	8
März	4/12	3	9
April	8/16	7	9
Mai	11/20	8	8
Juni	15/25	8	7
Juli	17/28	10	5
August	17/28	9	5
September	15/24	8	6
Oktober	11/18	5	8
November	7/13	4	10
Dezember	4/9	3	11

Kultur live

Spoleto: Das Ereignis der Saison findet im umbrischen Salzburg statt: Hier treffen sich Opernstars aus aller Welt zum *Festival dei due Mondi* (Juni/Juli).

Perugia: Nirgendwo in Umbrien geht es so rund wie hier: *Rockin' Umbria* (Juni/Juli), *Umbria Jazz* (Juli) oder das Kirchenmusikfestival *Sacra Musicale Umbra* (September). Und so kommen alle musikalischen Temperamente auf ihre Kosten.

Città di Castello: Kammermusikfans pilgern zum *Festival delle Nazioni* (Juli).

Gubbio: Das römische Theater ist stimmungsvolle Kulisse für die Aufführung antiker Tragödien (Juli/August).

Foligno: Barock total ist beim *Festival Segni Barocchi* angesagt. Überall in der Stadt wird zu diesem Festival barock getanzt, geschmaust und geflirtet (August/September).

Museen und Kirchen

Die Öffnungszeiten der Museen finden sich im Textteil. In der Regel haben sie vormittags 10–12 Uhr geöffnet, Montag ist vielfach Ruhetag. Die meisten Kirchen sind über Mittag (12/13–15/16 Uhr) geschlossen. Kirchen in kleinen Orten sind häufig abgesperrt, doch findet sich meist jemand, der behilflich ist.

Nachtleben

Wie überall in Italien findet das Nachtleben in teuren *Megadiscos* außerhalb der Orte statt. Alternative: Auch auf vielen *Sagre* wird nachts das Tanzbein geschwungen, wenn der Sound vom mittelalterlichen Stadtturm dröhnt. Eine größere Auswahl an *Nachtclubs und Bars* gibt es allerdings in Perugia mit seinem internationalen studentischen Publikum.

Sport

Umbrien ist ein Sportparadies. Das Spektrum reicht von gut ausgeschilderten *Wanderwegen* und Kletterpfaden in den Apenninen bis zum Wasserski am Trasimenischen See und *Fahrradtouren* auf wenig befahrenen Nebenstraßen. Viele Gutshöfe haben sich auf *Reiterferien* spezialisiert, aber auch Freunde ausgefallenerer Sportarten wie Paragliding kommen z. B. in Castelluccio auf ihre Kosten. Wer wie die englische Upperclass unter Sport Jagen, Schießen und Fischen versteht, kann Wildschweine hetzen, Armbrustschießen lernen und Störe und Forellen in der Nera angeln. Und im *ellesse Outlet* von Corciano bei Perugia, kann man sich gleich mit der passenden modischen Sportausrüstung eindecken.

Statistik

Geographie: Mit 8456 km^2 ist Umbrien die fünftkleinste Region Italiens und zugleich ihre einzige Binnenregion, da sie weder ans Meer grenzt noch an eine Landesgrenze stößt. Dafür gibt es genügend Wald (31%) und Gebirge (29%): Der höchste Gipfel, der Cima del Redentore in den Monti Sibillini, erreicht stolze 2449 m.

Hauptstadt: Perugia (157 842 Einw.)

Bevölkerung: Mit 815 588 Einwohnern liegt die Besiedlungsdichte weit unter dem italienischen Durchschnitt. Zweitgrößte Stadt Umbriens nach Perugia ist Terni (103 964 Einw.), drittgrößte Foligno (49 122 Einw.).

Verwaltung: Die Region Umbrien ist in die Provinzen Perugia und Terni eingeteilt.

Wirtschaft: Die Landwirtschaft (Olivenöl, Wein, Hülsenfrüchte, Viehzucht) spielt eine dominante Rolle: Die vorzüglichen naturbelassenen Produkte der Region lassen sich gerade in Italien immer besser vermarkten. Ständige Zuwachsraten beschert auch der Tourismus (über 1,5 Mio. Besucher pro Jahr). Nach wie vor geht ein großer Teil der italienischen Übernachtungen auf Pilgerreisen zurück. Außerdem erlebt Umbrien seit Jahren einen Boom mittelständischer Existenzgründungen: Möbel- und Modemanufakturen, technische Zulieferbetriebe und Lebensmittelverarbeitung stellen die ökonomischen Daten der Region auf sehr solide Grundlagen. Umbrien ist das italienische ›Musterländle‹, wobei allerdings ein deutliches Gefälle zwischen der reichen Provinz Perugia und dem ›südlichen‹ Terni besteht.

Unterkunft

Agriturismo

Die italienische Variante des ›Urlaubs auf dem Bauernhof‹ ist in keiner Region Italiens so erfolgreich und gut durchorganisiert wie in Umbrien. Rechtzeitige Voranmeldung ist dringend anzuraten. Im Winter sind einige Betriebe geschlossen. Wegen des meist entlegenen Standortes empfiehlt sich die Mitnahme oder Anmietung eines Autos. Auskunft:

Agriturist Umbria, Via Savonarola 38, Perugia, Tel. 07 53 20 28, Fax 07 53 66 65, www.agrituristumbria.com

Terranostra Umbria, Via Sezzevalli,Perugia, Tel. 075 50 67 61, Fax 07 55 06 76 51, www.terranostra.it

Turismo Verde Umbria, Via Campo di Marte 14/I, Perugia, Tel. 07 55 00 29 53, Fax 07 55 00 29 56

Camping

Der Lago Trasimeno ist ein gut erschlossenes Camperparadies. Ansonsten ist – angesichts preisgünstiger Übernachtungsalternativen – das Netz von Campingplätzen zwar flächendeckend, aber eher dünn. Beschreibungen geprüfter Campingplätze bieten die jährlich aktualisierten *ADAC Camping Caravaning Führer* (auch als CD-Rom), der *ADAC Bungalow Mobilheim Führer* sowie der *ADAC StellplatzFührer Deutschland Europa,* die im Buchhandel erhältlich sind (www.adac.de/campingfuehrer).

Ferienhäuser und Ferienwohnungen

Im ganzen Reisegebiet werden wochenweise mietbare Ferienhäuser und Ferienwohnungen angeboten. Diese Unterkünfte sind komplett eingerichtet, Bettwäsche und Handtücher müssen häufig mitgebracht, können teilweise aber auch gemietet werden.

Hotels und Pensionen

Die italienischen Fremdenverkehrsämter sehen ein relativ variables Bewertungssystem von * (sehr bescheiden) bis ***** (Luxus) vor. Die Höchstpreise müssen in den Zimmern ausgehängt sein. Erfahrungsgemäß ist in Umbrien mit seiner mittelständisch geprägten Hotellerie der Preisunterschied zwischen Hoch- und Nebensaison eher gering. Dafür ist das Preis-Leistungs-Verhältnis fast überall ausgezeichnet. Wer auf das teure und meistens belanglose italienische Hotelfrühstück verzichtet, kann übrigens einiges einsparen. In der Hochsaison, vor allem während der italienischen *Schulferien* (Mitte Juni bis Mitte September) oder zu großen Kirchen- und Volksfesten, kann es zu Hotelengpässen in Perugia, Assisi und Spoleto kommen. Eine Auswahl an Unterkünften bieten die ›*Praktischen Hinweise*‹ im Haupttext.

Jugendherbergen

Umbrien besitzt sieben Jugendherbergen, davon drei in Assisi und jeweils eine in Perugia und Gubbio (www.ostellionline.org).

Klöster

Eine günstige Alternative zum Hotel stellen Zimmer in Privatunterkünften (*Affittacamere*) oder in *Klöstern* dar. Gerade im frommen Umbrien gibt es viele Möglichkeiten, im Kloster zu nächtigen. Das Angebot reicht von den ›professionellen‹ Hospizen in Assisi, wo man die Wahl hat zwischen den Ordensgemeinschaften aus aller Welt, bis zu den eher stillen Konventen und *Case religiose* in anderen umbrischen Kleinstädten.

Verkehrsmittel im Land

Die Region Umbrien verfügt über ein gut ausgebautes und vergleichsweise preisgünstiges Netz verschiedener öffentlicher Verkehrsmittel.

Bahn

Die wichtigste Bahnlinie in Umbrien führt vom Trasimenischen See über Perugia und Assisi durch die Valle Umbra Richtung Spoleto und Terni. Häufig befahren ist auch die Stichstrecke ins nördliche Tibertal nach Città di Castello und dem toskanischen Sansepolcro (Abfahrt von der Stazione S. Anna, Perugia). Schnellzugstation auf dem Weg nach Rom ist Orvieto im Westen. Auskunft:

Trenitalia, Tel. 89 20 21 (im Land, gebührenfrei), www.trenitalia.com

Bus

Es existiert ein dichtes Busnetz, das auch die Bergorte des Hinterlandes einbindet. Fahrkarten (*Biglietti*) kann man in Bars, Kiosken oder anderen Vorverkaufsstellen erwerben, meist auch in den Bussen selbst, wo sie jedoch in der Regel etwas teurer sind.

Mietfahrrad

Fahrradtouren durch Umbrien erfreuen sich großer Beliebtheit. Das in Tourismusbüros erhältliche offizielle Hotelverzeichnis der Region *Ospitalità in Umbria* enthält auch eine Liste von Fahrradvermietern.

Mietwagen

In den Städten und größeren Orten kann man Autos oder Motorräder mieten. Für Mitglieder bietet die **ADAC-Autovermietung-GmbH** günstige Bedingungen, Buchungen über die ADAC-Geschäftsstellen oder unter Tel. 018 05/31 81 81 (0,14 €/Min.).

Schiff

Auf dem Trasimenischen See verkehren Schiffe regelmäßig zwischen den größeren Hafenorten Castiglione, Passignano und San Feliciano sowie zur Isola Maggiore und Isola Polvese.

Sprachführer

Italienisch für die Reise

Das Wichtigste in Kürze

Ja/Nein	*Sì/No*
Bitte/Danke	*Per favore/Grazie*
In Ordnung./Einverstanden.	*Va bene./D'accordo.*
Entschuldigung!	*Scusi!*
Wie bitte?	*Come dice?*
Ich verstehe Sie nicht.	*Non La capisco.*
Ich spreche nur wenig Italienisch.	*Parlo solo un po' d'italiano.*
Können Sie mir bitte helfen?	*Mi può aiutare, per favore?*
Das gefällt mir (nicht).	*(Non) Mi piace.*
Ich möchte …	*Vorrei …*
Haben Sie …?	*Ha …?*
Wie viel kostet …?/	*Quanto costa …?*
Kann ich mit Kreditkarte bezahlen?	*Posso pagare con la carta di credito?*
Wie viel Uhr ist es?	*Che ore sono?/Che ora è?*
Guten Morgen!/Guten Tag!	*Buon giorno!*
Guten Abend!	*Buona sera!*
Gute Nacht!	*Buona notte!*
Hallo!/Grüß dich!	*Ciao!*
Wie ist Ihr Name, bitte?	*Come si chiama, per favore?*
Mein Name ist …	*Mi chiamo …*
Ich bin Deutsche(r)	*Sono tedesco(-a)*
Ich komme aus Deutschland.	*Sono della Germania.*
Wie geht es Ihnen?	*Come sta?*
Auf Wiedersehen!	*Arrivederci!*
Tschüs!	*Ciao!*
Bis bald!	*A presto!*
Bis morgen!	*A domani!*
gestern/heute/morgen	*ieri/oggi/domani*
am Vormittag/am Nachmittag	*la mattina/al pomeriggio*
am Abend/in der Nacht	*la sera/la notte*
um 1 Uhr/um 2 Uhr …	*all' una/alle due …*
um Viertel vor (nach) ...	*alle... meno un quarto (e un quarto)*
um ... Uhr 30	*alle ... e trenta*
Minute(n)/Stunde(n)	*minuto(-i)/ora(-e)*
Tag(e)/Woche(n)	*giorno(-i)/settimana(-e)*
Monat(e)/Jahr(e)	*mese(-i)/anno(-i)*

Zahlen

0	*zero*	19	*diciannove*
1	*uno*	20	*venti*
2	*due*	21	*ventuno*
3	*tre*	22	*ventidue*
4	*quattro*	30	*trenta*
5	*cinque*	40	*quaranta*
6	*sei*	50	*cinquanta*
7	*sette*	60	*sessanta*
8	*otto*	70	*settanta*
9	*nove*	80	*ottanta*
10	*dieci*	90	*novanta*
11	*undici*	100	*cento*
12	*dodici*	200	*duecento*
13	*tredici*	1000	*mille*
14	*quattordici*	2000	*duemila*
15	*quindici*	10 000	*diecimila*
16	*sedici*	1 000 000	*un millione*
17	*diciassette*	1/2	*mezzo*
18	*diciotto*	1/4	*un quarto*

Wochentage

Montag	*lunedì*
Dienstag	*martedì*
Mittwoch	*mercoledì*
Donnerstag	*giovedì*
Freitag	*venerdì*
Samstag	*sabato*
Sonntag	*domenica*

Monate

Januar	*gennaio*
Februar	*febbraio*
März	*marzo*
April	*aprile*
Mai	*maggio*
Juni	*giugno*
Juli	*luglio*
August	*agosto*
September	*settembre*
Oktober	*ottobre*
November	*novembre*
Dezember	*dicembre*

Maße

Kilometer	*chilometro(-i)*
Meter	*metro(-i)*
Zentimeter	*centimetro(-i)*
Kilogramm	*chilo(-i)*
Pfund	*mezzo chilo*
100 Gramm	*etto(-i)*
Liter	*litro(-i)*

Unterwegs

Nord/Süd/West/Ost	*nord/sud/ovest/est*
oben/unten	*sopra/sotto*
geöffnet/geschlossen	*aperto/chiuso*
geradeaus/links/ rechts/zurück	*diritto/sinistra/ destra/indietro*
nah/weit	*vicino/lontano*
Wie weit ist …?	*A che distanza si trova…?*
Wo sind die Toiletten?	*Dove sono le toilette?*
Wo ist die (der) nächste …	*Dove si trova nelle vicinanze …*
Telefonzelle/	*una cabina telefonica/*
Bank/	*una banca/*
Geldautomat/	*un bancomat/*
Post/	*la posta/*
Polizei?	*la polizia?*
Bitte, wo ist …	*Scusi, dov'è …*
der Hauptbahnhof/	*la stazione centrale/*
der Busbahnhof/	*la stazione autolinee/*
der Flughafen?	*l'aeroporto?*
Wo finde ich …	*Dove si trova …*
eine Bäckerei/	*un panificio/*
Fotoartikel/	*gli articoli fotografici*
ein Kaufhaus/	*un grande magazzino/*
ein Lebensmittel-geschäft/	*un negozio di alimentari/*
den Markt?	*il mercato?*
Ist das der Weg/ die Straße nach …?	*È questa la strada per ….?*
Ich möchte mit …	*Vorrei andare …*
dem Zug/	*col treno/*
dem Schiff/	*colla nave/*
der Fähre/	*col traghetto/*
dem Flugzeug	*col aereo*
nach … fahren.	*a …*
Gilt dieser Preis für Hin- und Rückfahrt?	*È la tariffa di andata e ritorno?*
Wie lange gilt das Ticket?	*Fino a quando è valido il biglietto?*
Wo ist das Fremden-verkehrsamt/	*Dov'è l'Ufficio per il turismo/*
ein Reisebüro?	*un'agenzia viaggi?*
Ich suche eine Hotelunterkunft.	*Cerco un albergo.*
Wo kann ich mein Gepäck lassen?	*Dove posso deposi-tare i miei bagagli?*
Ich habe meinen Koffer verloren.	*Ho perso la mia valigia.*
Ich möchte eine Anzeige erstatten.	*Vorrei fare una denuncia.*
Man hat mir …	*Mi hanno rubato …*
Geld/die Tasche/	*i soldi/la borsa/*
die Papiere/	*i documenti/*
die Schlüssel/	*le chiavi/*
den Fotoapparat/	*la macchina foto-grafica/*
den Koffer/	*la valigia/*
das Fahrrad gestohlen.	*la bicicletta.*

Freizeit

Ich möchte ein …	*Vorrei noleggiare …*
Fahrrad/	*una bicicletta/*
Motorrad/	*un moto/*
Surfbrett/	*una tavola da surf/*
Mountainbike/	*un mountain bike/*
Boot/	*una barca/*
Pferd mieten.	*un cavallo.*
Gibt es in der Nähe ein(en) …	*Dove si trova nelle vicinanze …*
Freizeitpark/	*un parco di divertimento/*
Freibad/	*una piscina pubblica/*
Golfplatz/	*un campo di golf/*
Strand?	*una spiaggia?*
Wann hat … geöffnet?	*Quando è aperto (aperta) …?*

Bank, Post, Telefon

Brauchen Sie meinen Ausweis?	*Vuole vedere i miei documenti?*
Wo soll ich unterschreiben?	*Dove debbo firmare?*
Ich möchte eine Telefon-verbindung nach …	*Vorrei un colle-gamento telefonico con …*
Wie lautet die Vorwahl für …?	*Qual è il prefisso per …?*
Wo gibt es …	*Dove trovo …*
Telefonkarten/	*le schede telefoniche/*
Briefmarken?	*i francobolli?*

Tankstelle

Wo ist die nächste Tankstelle?	*Dov'è la stazione di servizio più vicina?*

Hinweise zur Aussprache

c, cc	vor ›e‹ und ›i‹ wie ›tsch‹, Bsp.: **ci**ao; sonst wie ›k‹, Bsp.: **c**ome
ch, cch	wie ›k‹, Bsp.: **ch**e, **ch**ilo
g, gg	vor ›e‹ und ›i‹ wie ›dsch‹, Bsp.: **g**ente; sonst wie ›g‹, Bsp.: **g**ola
gli	wie ›Lilie‹, Bsp.: fi**gli**o
gn	wie ›Cognac‹, Bsp.: ba**gn**o
sc	vor ›e‹ und ›i‹ wie ›sch‹, Bsp.: **sc**iopero; sonst wie ›sk‹, Bsp.: **sc**ala
sch	wie ›sk‹, Bsp.: I**sch**ia
sci	vor ›a,o,u‹ wie ›sch‹, Bsp.: la**sci**are
z	wie ›ds‹, Bsp.: **z**uppa

Ich möchte … Liter … Benzin/Super/ Diesel.	*Vorrei … litri … di benzina/super/ diesel.*
Volltanken, bitte.	*Faccia il pieno, per favore.*
Bitte prüfen Sie …	*Verifichi per favore …*
den Reifendruck/	*la pressione delle ruote/*
den Ölstand/	*il livello dell'olio/*
den Wasserstand/	*il livello dell'acqua/*
das Wasser für die Scheibenwischanlage/	*l'acqua per il tergicristallo/*
die Batterie.	*la batteria.*
Würden Sie bitte …	*Per favore, mi può …*
den Ölwechsel vornehmen/	*cambiare l'olio/*
den Radwechsel vornehmen/	*cambiare la ruota/*
die Sicherung austauschen/	*sostituire il fusibile/*
die Zündkerzen erneuern/	*sostituire le candele/*
die Zündung nachstellen.	*regolare l'accensione.*

Panne

Ich habe eine Panne.	*Ho un guasto.*
Der Motor startet nicht.	*La macchina non parte.*
Ich habe die Schlüssel im Wagen gelassen.	*Ho le chiavi in macchina.*
Ich habe kein Benzin/ Diesel.	*Non ho più benzina/ diesel.*
Gibt es hier in der Nähe eine Werkstatt?	*C'è un'officina qui vicino?*
Können Sie mein Auto abschleppen?	*Può effettuare il traino?*
Können Sie mir einen Abschleppwagen schicken?	*Mi potrebbe mandare un carro attrezzi?*
Können Sie den Wagen reparieren?	*Può riparare la mia macchina?*
Bis wann?	*Quando sarà pronta?*

Mietwagen

Ich möchte ein Auto mieten.	*Vorrei noleggiare una macchina.*
Was kostet die Miete …	*Quanto costa il noleggio …*
pro Tag/	*al giorno/*
pro Woche/	*alla settimana/*
mit unbegrenzter km-Zahl/	*senza limite chilometraggio/*
mit Kasko-versicherung/	*con assicurazione ›kasko‹/*
mit Kaution?	*con cauzione?*
Wo kann ich den Wagen zurückgeben?	*Dove posso restituire la macchina?*

Unfall

Hilfe!	*Aiuto!*
Achtung!/Vorsicht!	*Attenzione!*
Rufen Sie bitte schnell …	*Per favore, chiami subito …*
einen Krankenwagen/	*un'ambulanza/*
die Polizei/	*la polizia/*
die Feuerwehr.	*i vigili del fuoco.*
Es war (nicht) meine Schuld.	*(Non) È stata colpa mia.*
Geben Sie mir bitte Ihren Namen und Ihre Adresse.	*Mi dia il suo nome ed indirizzo, per favore.*
Ich brauche die Angaben zu Ihrer Autoversicherung.	*Mi dia i particolari della sua assicurazione auto.*

Krankheit

Können Sie mir einen guten Deutsch sprechenden Arzt/ Zahnarzt empfehlen?	*Mi può consigliare un bravo medico/ dentista che parla il tedesco?*
Wann hat er Sprechstunde?	*Qual è l'orario delle visite?*
Wo ist die nächste Apotheke?	*Dove si trova la farmacia più vicina?*
Ich brauche ein Mittel gegen …	*Vorrei qualcosa contro ...*
Durchfall/	*la diarrea/*
Halsschmerzen/	*mal di gola/*
Fieber/	*la febbre/*
Insektenstiche/	*le punture d'insetti/*
Kopfschmerzen	*mal di testa*
Verstopfung/	*la costipazione/*
Zahnschmerzen	*mal di denti.*

Hotel

Können Sie mir bitte ein Hotel/eine Pension empfehlen?	*Potrebbe consigliarmi un albergo/ una pensione, per favore?*
Ich habe bei Ihnen ein Zimmer reserviert.	*Ho prenotato una camera.*
Haben Sie ein Einzel-/ Doppelzimmer …	*Ha una camera singola/ doppia …*
mit Dusche/	*con doccia/*
mit Bad/WC/	*con bagno/toilette/*
für eine Nacht/	*per una notte/*
für eine Woche/	*per una settimana/*
mit Blick aufs Meer?	*con vista sul mare?*
Was kostet das Zimmer …	*Quanto costa una camera …*
mit Frühstück/	*con prima colazione/*

mit Halbpension/ mit Vollpension?	*con mezza pensione/ con pensione completa?*
Wie lange gibt es Frühstück?	*Fino a che ora viene servita la colazione?*
Ich möchte um ... Uhr geweckt werden.	*Vorrei essere svegliato alle ore ...*
Ich reise heute Abend/ morgen früh ab.	*Vorrei partire questa sera/ domani mattina.*
Haben Sie ein Fax/ einen Hotelsafe?	*Ha un fax/una cassetta di sicurezza?*
Kann ich mit Kreditkarte zahlen?	*Posso pagare con la carta di credito?*

Restaurant

Ich suche ein gutes/günstiges Restaurant.	*Cerco un buon ristorante/ un ristorante non troppo caro.*
Die Speisekarte/ Getränkekarte, bitte.	*Vorrei la carta/ la lista delle bevande, per favore.*
Welches Gericht können Sie besonders empfehlen?	*Quale piatto mi può consigliare?*
Ich möchte das Tagesgericht/ das Menü (zu ...).	*Vorrei il piatto del giorno/ il menù (da ...).*
Ich möchte nur eine Kleinigkeit essen.	*Vorrei uno spuntino.*
Haben Sie ... vegetarische Gerichte/ offenen Wein/ alkoholfreie Getränke?	*Ha dei ... piatti vegetariani/ vini della casa/ analcolici?*
Kann ich bitte ... ein Messer/ eine Gabel/ einen Löffel haben?	*Vorrei avere ... un coltello/ una forchetta/ un cucchiaio.*
Darf man rauchen?	*Si può fumare?*
Die Rechnung/ Bezahlen bitte!	*Vorrei il conto, per favore!*

Essen und Trinken

Abendessen	*cena*
Apfel	*mela*
Artischoken	*carciofi*
Auberginen	*melanzane*
Bier	*birra*
Brot/Brötchen	*pane/panino*
Butter	*burro*
Ei (Eier)	*uovo (uova)*
Ente	*anitra*
Erdbeeren	*fragole*
Espresso (mit Milch)	*caffè (macchiato)*
Essig	*aceto*
Feigen	*fichi*
Fisch	*pesce*
Flasche	*bottiglia*
Fleisch	*carne*
Fruchtsaft	*succo di frutta*
Frühstück	*prima colazione*
gegrillt	*ai ferri/alla griglia*
Gemüse	*verdura*
Glas	*bicchiere*
Huhn	*pollo*
Kalbfleisch	*vitello*
Kalbshaxenscheibe	*ossobuco*
Kaninchen	*coniglio*
Kartoffeln	*patate*
Käse	*formaggio*
Knoblauch	*aglio*
Kotlett	*costoletta*
Krabben	*gamberetti*
Lamm	*agnello*
Languste	*aragosta*
Linsen	*lenticchie*
Maisgericht	*polenta*
Meeresfrüchte	*frutti di mare*
Miesmuscheln	*cozze*
Milch mit einem Schuss Espresso	*latte macchiato*
Milchkaffee	*caffellatte*
Mineralwasser (mit/ ohne Kohlensäure)	*acqua minerale (con/senza gas)*
Mittagessen	*pranzo*
Nachspeise	*dolce*
Obst	*frutta*
Öl	*olio*
Orange	*arancia*
Parmesankäse	*parmigiano*
Pfeffer	*pepe*
Pfirsich	*pesca*
Pilze	*funghi*
Rindfleisch	*carne di manzo*
Salat	*insalata*
Salz	*sale*
Schafskäse	*ricotta*
Schinken	*prosciutto*
Schweinefleisch	*maiale*
Spinat	*spinaci*
Steak	*bistecca*
Suppe	*minestra/zuppa*
Thunfisch	*tonno*
Tintenfische	*polpetti*
Tomaten	*pomodori*
Trüffel	*tartufo*
Venusmuscheln	*vongole*
Vorspeisen	*antipasti*
Wein, Weiß-/ Rot-/ Rosé-Wein	*vino bianco/ rosso/ rosato*
Weintrauben	*uva*
Zucker	*zucchero*
Zwiebeln	*cipolle*

ADAC Reiseführer in Top-Qualität. Pro Band 300–600 Sehenswürdigkeiten, 140–180 farbige Abbildungen und rund 40 TOP TIPPS.

Lieferbare Titel:

Ägypten
Algarve
Allgäu
Amsterdam
Andalusien
Australien
Bali & Lombok
Baltikum
Barcelona
Berlin
Bodensee
Brandenburg
Brasilien
Bretagne
Budapest
Bulg. Schwarzmeerküste
Burgund
City Guide Deutschland
City Guide Germany
Costa Brava & Costa Daurada
Côte d'Azur
Dänemark
Dominikanische Republik
Dresden
Dubai, Vereinigte Arabische Emirate, Oman
Elsass
Emilia Romagna
Florenz
Florida
Französische Atlantikküste
Fuerteventura
Gardasee
Golf von Neapel
Gran Canaria
Hamburg
Harz
Hongkong & Macau
Ibiza & Formentera
Irland
Israel
Istrien & Kvarner Golf
Italienische Adria
Italienische Riviera
Jamaika
Kalifornien
Kanada - Der Osten
Kanada - Der Westen
Karibik
Kenia
Korfu & Ionische Inseln
Kreta
Kuba
Kroatische Küste - Dalmatien
Kykladen
Lanzarote
Leipzig
London
Madeira
Mallorca
Malta
Marokko
Mauritius & Rodrigues
Mecklenburg-Vorpommern
Mexiko
München
Neuengland
Neuseeland
New York
Niederlande
Norwegen
Oberbayern
Österreich
Paris
Peloponnes
Piemont, Lombardei, Valle d'Aosta
Polen
Portugal
Prag
Provence
Rhodos
Rom
Rügen, Hiddensee, Stralsund
Salzburg
Sardinien
Schleswig-Holstein
Schottland
Schwarzwald
Schweden
Schweiz
Sizilien
Spanien
St. Petersburg
Südafrika
Südengland
Südtirol
Sylt
Teneriffa
Tessin
Thailand
Toskana
Türkei - Südküste
Türkei - Westküste
Tunesien
Umbrien
Ungarn
USA - Südstaaten
USA - Südwest
Usedom
Venedig
Venetien & Friaul
Wien
Zypern

ADAC Reiseführer plus kombinieren Top-Reiseführer mit perfekten CityPlänen, Länder-Karten oder UrlaubsKarten. Kompakt und komplett im praktischen Klarsicht-Set!

Lieferbare Titel:

Ägypten
Allgäu
Amsterdam
Andalusien
Baltikum
Barcelona
Berlin
Berlin (engl.)
Bodensee
Brandenburg
Budapest
Côte d'Azur
Dänemark
Deutschland - Die schönsten Autotouren
Dresden
Franz. Atlantikküste
Fuerteventura
Gardasee
Gran Canaria
Hamburg
Harz
Irland
Istrien & Kvarner Golf
Ital. Adria
Ital. Riviera
Korfu/Ionische Inseln
Kreta
Kuba
Kroatische Küste - Dalmatien
Lanzarote
Leipzig
London
Mallorca
Mecklenburg-Vorpommern
München
New York
Niederlande
Norwegen
Oberbayern
Österreich
Paris
Polen
Portugal
Prag
Rhodos
Rom
Rügen, Hiddensee, Stralsund
Salzburg
Sardinien
Schleswig-Holstein
Schottland
Schwarzwald
Schweden
Schweiz
Sizilien
St. Petersburg
Südafrika
Südtirol
Sylt
Teneriffa
Toskana
Türkei - Südküste
Türkei - Westküste
Usedom
Venedig
Wien

Weitere Titel in Vorbereitung.

Mehr erleben, besser reisen.

Register

Impressum

Redaktionsleitung: Dr. Dagmar Walden
Lektorat und Bildredaktion: Kirsten Winkler
Aktualisierung: Astrid Rohmfeld
Karten: Computerkartographie Carrle, München
Herstellung: Martina Baur
Druck, Bindung: Firmengruppe APPL, sellier druck, Freising
Printed in Germany

Gedruckt auf chlorfrei gebleichtem Papier

Ansprechpartner für den Anzeigenverkauf:
Kommunalverlag GmbH & Co KG,
MediaCenterMünchen, Tel. 089/92 80 96-44

ISBN 978-3-89905-519-1

Neu bearbeitete Auflage 2008

Bildnachweis

Umschlag-Vorderseite: Spoleto mit der Burg Rocca Albornoz. Foto: Bildagentur Huber, Garmisch-Partenkirchen (Giovanni Simeone)

Titelseite
Oben: Piazza San Benedetto in Norcia (Wh. von S. 116/117)
Mitte: Piano Grande bei Castelluccio (Wh. von S. 118/119)
Unten: Peruginos ›Anbetung der Könige‹, Galleria Nazionale dell'Umbria (Wh. von S. 22 unten)

AKG, Berlin: 62, 63 (Diller), 102 – BAVARIA, Gauting: 48 oben (Kneer) – Bildagentur Huber, Garmisch-Partenkirchen: 16/17 (Giovanni Simeone), 18, 21 (Giovanni), 30 (Wh. von 16/17, G. S.), 35 (Giovanni), 42 (Giovanni Simeone), 51 (Ripani), 58/59 (Giovanni Simeone), 70 (Giovanni), 74 (Ripani), 85 oben (Giovanni), 87 oben (Giovanni Simeone), 90, 110, 111 (Giovanni), 112, 116/117 oben (Giovanni Simeone), 118/119 (Fantuz), – Bildarchiv Steffens, Mainz: 60 (Allgöwer) – Cinetext Bildarchiv Frankfurt: 15 unten – laif, Köln: 25 oben, 30 Mitte, 46, 56, 80 (Eid), 85 unten (Celentano), 89 oben, 92 unten, 124 oben (Eid),– LOOK, München: 24 (Greune), 72 (Galli), 126 oben links (Greune) – Gino Russo, Savona: 4 oben, 6, 6/7, 7, 8 oben, 8/9, 9 Mitte, 10 oben, 11 (2), 22 (2), 23, 37 (2), 38, 39 oben, 41, 43, 47, 48 unten, 54, 55 (2), 56, 57, 68, 73, 76, 77, 78, 79 (2), 81, 83, 84, 86 oben, 89 unten, 94, 98, 100 oben, 103, 104, 105, 107, 108 unten, 113 unten, 115, 117 (2), 118 unten, 119 (2), 120, 121, 123 (2), 124 unten, 125, 126 oben rechts, 126 Mitte, 126 unten links, 126 unten rechts, 130, 131 – Sacro Convento, Assisi: 61, 64 – Süddeutscher Verlag, Bilderdienst, München: 12, 13 (3), 14, 15 oben – Axel Winkler, München: 8 Mitte, 9 oben, 10 unten, 25 unten, 26, 27, 29, 30 unten, 36, 39 , unten, 40, 44, 45, 52, 53, 60, 66, 67, 71 oben, 71 unten, 82, 86 unten, 87 unten, 91, 92 oben, 93 (2), 96 unten, 96/97, 97), 100 unten, 101, 112, 113 oben – Zefa, Düsseldorf: 108 oben (Rossenbach)